Collection de feu M. M***

Estampes Anciennes

DE TOUTES LES ÉCOLES

Principalement

DE L'ÉCOLE FRANÇAISE DU XVIIIe SIÈCLE

Imprimées en noir et en couleurs

DESSINS ANCIENS

MAI 1905

COMMISSAIRE-PRISEUR

Me LÉON ANDRÉ, 3, rue La Boëtie

EXPERTS

MM. MARIUS PAULME & B. LASQUIN FILS
10, rue Chauchat   12, rue Laffitte

COLLECTION DE FEU M. M***

ESTAMPES ANCIENNES

DESSINS

CONDITIONS DE LA VENTE

La vente sera faite expressément au comptant.

Les acquéreurs paieront *dix pour cent* en sus.

Les expositions mettant le public à même de se rendre compte de l'état et de la nature des estampes, il ne sera admis aucune réclamation, une fois l'adjudication prononcée.

Les experts se réservent, dans l'intérêt de la vente, de réunir ou diviser les lots; ils rempliront, aux conditions d'usage, les commissions que voudraient leur confier les amateurs ne pouvant assister à la vente.

L'ordre numérique du Catalogue sera suivi.

EXPOSITIONS

1º **Particulières** : Chez MM. B. LASQUIN FILS, 12, rue Laffitte, du Lundi 15 au Samedi 20 Mai 1905, de neuf heures à midi et de deux heures à cinq heures;

2º **Publique** : A l'Hôtel Drouot, salle nº 10, le Dimanche 21 Mai 1905, de une heure et demie à six heures.

Paris. — Imp. de l'Art, E. MOREAU ET Cⁱᵉ, 41, rue de la Victoire.

CATALOGUE

DES

ESTAMPES ANCIENNES

De toutes les Écoles

PRINCIPALEMENT

DE L'ÉCOLE FRANÇAISE DU XVIIIᵉ SIÈCLE

IMPRIMÉES EN NOIR ET EN COULEURS

Environ 25,000 Estampes en lots

DESSINS ANCIENS

DES XVIIᵉ, XVIIIᵉ ET XIXᵉ SIÈCLES

NOMBREUX DESSINS ANCIENS ET MODERNES EN LOTS

LE TOUT COMPOSANT LA

Collection de feu M. M***

ET DONT LA VENTE AURA LIEU

HOTEL DROUOT, SALLE N° 10

Du Lundi 22 au Jeudi 25 Mai 1905

à deux heures

COMMISSAIRE-PRISEUR

Mᵉ LÉON ANDRÉ, 3, rue La Boëtie

EXPERTS

MM. PAULME & B. LASQUIN FILS

Paris, 10, rue Chauchat | 12, rue Laffitte, Paris

EXPOSITION PUBLIQUE

Le Dimanche 21 Mai 1905, de une heure 1/2 à six heures

ORDRE DES VACATIONS

Lundi 22 Mai 1905

Estampes cataloguées. . . . .   1 à 184
Estampes en lots (Partie).

Mardi 23 Mai 1905

Estampes cataloguées. . . . .   185 à 410
Estampes en lots (Suite).

Mercredi 24 Mai 1905

Estampes cataloguées. . . . .   411 à 613
Estampes en lots (Suite).

Jeudi 25 Mai 1905

Estampes cataloguées. . . . .   614 à 678
Estampes en lots (Fin).
Dessins catalogués . . . .   680 à 721
Dessins en lots.
Dessins en lots.

DÉSIGNATION

ALIX (P.-M.)

1 — *Molière*, d'après Mignard.
   Très belle épreuve en couleurs. Grandes marges.

2 — *Portrait de Charlotte Corday*, d'après Garneray.
   Très belle épreuve en couleurs avec toutes ses marges.

AUBRY (D'après)

3 — *Les Adieux de la Nourrice*, par de Launay.
   Bonne épreuve.

4 — *Les Amants curieux*, par Le Vasseur.
   Belle épreuve. Marges.

5 — *L'Amour paternel*, par Le Vasseur.
   Superbe épreuve avant la dédicace, signée au dos par les artistes. Marges.

6 — *La Bonté maternelle*, par Blot.
   Belle épreuve. Marges.

7 — *La Bouillie*, petite pièce sans nom de graveur.
   Très belle épreuve avant toute lettre. Marges.

AUBRY (D'après)

8 — *Correction maternelle*, par de Longueil.
   Superbe épreuve avant la dédicace. Marges.

AUBRY (D'après)

9 — *La même estampe.*
   Très belle épreuve. Petites marges.

10 — *L'Innocence inspire la tendresse*, par Voysard.
   Belle épreuve. Petites marges.

11 — *La Reconnaissance de Fonrose*, par de Launay.
   Belle épreuve. Marges.

AUBRY et Mlle GÉRARD (D'après)

12 — *L'Abus de la Crédulité. — Les Regrets mérités.*
   Deux pièces faisant pendants, par de Launay.
   Bonnes épreuves.

AUDOUIN (P.)

13 — *Il n'est plus temps*, d'après P. Bouillon.
   Très belle épreuve. Marges.

BAUDOUIN (D'après P.-A.)

14 — *Les Amants surpris* (E. B., 3), par Choffard.
   Epreuve avec petites marges.

15 — *L'Amour à l'épreuve*, par Beauvarlet (E. B., 5).
   Très belle épreuve avant l'adresse. Toutes marges.

16 — *Les Amours champêtres* (E. B., 7), par Choffard.
   Epreuve avec petites marges.

17 — *La même estampe*, copie par Harleston.

18 — *Annette et Lubin* (E. B., 9), par N. Ponce.
   Epreuve avec marges.

19 — *Le Carquois épuisé* (E. B., 11), par N. de Launay.
   Superbe épreuve avec très grandes marges.

BAUDOUIN (D'après P.-A.)

20 — *Les Cerises* (E. B., 13), par Ponce.
   Epreuve avec marges, signée des artistes au dos.

21 — *La même estampe.*
   Epreuve remargée.

22 — *Le Confessionnal* (E. B., 15), par Moitte.
   Superbe épreuve avec grandes marges.

23 — *Le Couché de la Mariée* (E. B., 16), par Moreau le Jeune et Simonet.
   Superbe épreuve avec marges.

24 — *Le Danger du tête-à-tête* (E. B., 18), par Simonet.
   Belle épreuves. Marges.

25 — *L'Enlèvement nocturne* (E. B., 20), par N. Ponce.
   Epreuve avec marges.

26 — *L'Épouse indiscrète* (E. B., 21), par N. de Launay.
   Belle épreuve avec marges.

27 — *Le Fruit de l'Amour secret* (E. B., 23), par Voyez junior.
   Belle épreuve avec marges.

28 — « *Jusques dans la moindre chose* » (E. B., 27).
   Belle épreuve. Marges.

29 — *Le Lever* (E. B., 29), par Massard.
   Belle épreuve avec marges.

30 — *Le Modèle honnête* (E. B., 34), par Moreau le Jeune et Simonet.
   Belle épreuve avec marges.

31 — *La Rencontre dangereuse*, par Le Veau (E. B., 40).
   Belle épreuve.

32 — *Le Rendez-Vous* (E. B., 41), par L. Bonnet.
   Superbe épreuve gravée aux trois crayons. Marges.

BAUDOIN (D'après P.-A.)

33 — *Rose et Colas* (E. B., 42), par Simonet.
   Belle épreuve avec marges.

34 — *La même estampe.*
   Belle épreuve. Petites marges.

35 — « *Sa taille est ravissante* » (E. B., 43).
   Belle épreuve.

36 — *La Sentinelle en défaut* (E. B., 44).
   Très belle épreuve. Marges.

37 — *Les Soins tardifs* (E. B., 45), par N. de Launay.
   Superbe épreuve avec grandes marges.

38 — *La même estampe.*
   Epreuve avec petites marges.

39 — *La Soirée des Thuileries* (E. B., 47), par Simonet.
   Belle épreuve remargée.

40 — *La Toilette* (E. B., 48), par N. Ponce.
   Superbe épreuve avec la première adresse, celle de Mme Baudouin, au Louvre.

41 — *La même estampe.*
   Belle épreuve avec l'adresse de Basan. Marges.

42 — *La même estampe.*
   Belle épreuve, même état. Petites marges.

BAUDOUIN et BERTIN (D'après)

43 — *Le Poète Anacréon. — La Gayté de Silène.*
   Deux pièces faisant pendants, par de Launay.
   Belles épreuves. Petites marges.

BEAUVARLET

44 — *Les Liseuses*, d'après Raoux.
    Très belle épreuve. Petites marges.

BÉNARD (D'après)

45 — *Repos de chasse*, par Moitte.
    Superbe épreuve. Marges.

BENAZECH (Par et d'après)

46 — *Hylas and the Nymphs*.
    Pièce de forme ronde.
    Belle épreuve en couleurs. Marges.

BÉRICOURT (D'après)

47 — *Fêtes de village*.
    Belles épreuves en couleurs. Sans marges.

BERTHAULT (Chez)

48 — *Les Diseurs de bonne aventure*.
    Petite pièce ronde d'après Duplessis-Bertaux.
    Très belle épreuve en bistre. Toutes marges.

BOILLY (D'après L.)

49 — *Ah! ah! qu'il est sot. — Poussez ferme*.
    Deux estampes faisant pendants, par Petit.
    Epreuves coloriées avec marges.

50 — *L'Amant favorisé. — La Comparaison des petits pieds*.
    Deux pièces faisant pendants, par Chaponnier.
    Epreuves coloriées avec marges.

BOILLY (D'après L.)

51 — *L'Amitié filiale. — Le Sommeil de l'Innocence.*
Deux pièces faisant pendants, par Texier.
Belles épreuves. Marges.

52 — *La Cocarde nationale*, par A. Legrand.
Superbe épreuve imprimée en couleurs, avec grandes marges. Rare.

53 — *Les Croyables au Pérou.* Petite pièce ronde, par Levilly.
Belle épreuve. Grandes marges.

54 — *Défends-moi. — La Leçon d'union conjugale.*
Deux pièces en travers faisant pendants, par Petit.
Epreuves avec marges.

55 — *La Douce résistance. — On la tire aujourd'hui.*
Deux pièces faisant pendants.
Très belles épreuves rehaussées en couleurs. Marges.

56 — *La Douce résistance*, par Tresca.
Belle épreuve avec marges.

57 — *L'Évanouissement*, par Tresca.
Très belle épreuve. Marges.

58 — *Les Grimaces.*
Dix-sept pièces de la suite. Epreuves en couleurs, avec marges.

59 — *La Jardinière,* par Tresca.
Très belle épreuve. Grandes marges.

60 — *La Marche incroyable*, par Bonnefoy.
Pièce intéressante par les costumes.
Superbe épreuve rehaussée en couleurs. Grandes marges.

61 — *Nous étions deux, nous voilà trois,* par Vidal.
Epreuve à petites marges.

BOILLY (D'après L.)

62 — *Les Petits soldats. — Les Petites coquettes.*
    Deux pièces faisant pendants, par Gudin.
    Superbes épreuves, imprimées en couleurs, avec grandes marges.

63 — *Le Sommeil trompeur. — Le Réveil prémédité.*
    Deux pièces faisant pendants, par Wolff.
    Belles épreuves coloriées. Marges.

64 — *Le Réveil prémédité*, par Wolff.
    Belle épreuve. Marges.

65 — *La Serinette*, par Honoré.
    Très belle épreuve avec toute ses marges.

66 — *La même estampe.*
    Très belle épreuve. Grandes marges.

67 — *La Tourterelle chérie*, par Allais.
    Superbe épreuve avant la lettre. Marges.

68 — *Première scène de voleurs. — Deuxième scène de voleurs.*
    Deux pièces en travers faisant pendants, par Groz.
    Superbes épreuves imprimées en couleurs. Marges.

BONNET (L.)

69 — *A beau cacher. — Le Bon Logis.*
    Deux pièces faisant pendants, d'après Le Clerc.
    Très belles et rares épreuves en couleurs. Marges.

70 — *Les Amusements de la campagne. — Vertumne et Pomone. — L'Apparition des Anges aux bergers.*
    Trois pièces, d'après Le Moine, Le Prince et Boucher.
    Bonnes épreuves à la sanguine.

BONNET (L.)

71 — *Bazile et Laurette. — Bazile et Lucy.*
   Deux pièces faisant pendants, d'après Aubry.
   Bonnes épreuves en couleurs. Marges.

72 — *Bustes de Femmes*, d'après Boucher et Le Prince.
   Quatre pièces, imprimées sur deux feuilles, aux crayons noir et blanc, sur papier bleu. Marges.

73 — *Le Bain. — La Toilette.*
   Deux pièces faisant pendants, d'après Jollain.
   Superbes épreuves en couleurs. Marges.

74 — *Vénus couronnée par l'Amour*, d'après F. Boucher.
   Belle épreuve en couleurs. Marges.

75 — *La Vue*, d'après Eisen.
   Belle épreuve aux deux crayons. Marges.

BONNET (Chez)

76 — *L'Amour prie Vénus de lui rendre ses armes. — Diane au bain. — La Nymphe corrigée. — Jupiter et Danaë.*
   Suite très rare de quatre pièces, dont deux sont signées à la pointe : *J. Aug. L.* (Léveillé ?)
   Très belles épreuves en couleurs. Marges.

77 — *Le Chat au guet. — La Cage ouverte.*
   Deux petites pièces faisant pendants, d'après Chevaux.
   Superbes épreuves en couleurs. Marges.

78 — *La Danse.*
   Charmante petite pièce in-8º.
   Très belle et rare épreuve en couleurs. Marges.

79 — *Le Procureur. — Le Tailleur.*
   Deux pièces faisant pendants, gravées en imitation de dessins.
   Bonnes épreuves en couleurs. Marges.

BOREL (D'après)

80 — *La Faute est faite, permettez qu'il la répare*, par Anselin.
>Très belle épreuve. Grandes marges.

81 — *Vous avez la clef... mais il a trouvé la serrure*, par Anselin.
>Très belle et rare épreuve, avant la dédicace. Marges.

82 — *Le Paysan mécontent*, par Morret.
>Très belle épreuve en couleurs. Marges.

BOUCHER (Daprès F.)

83 — *L'Amour prie Vénus de lui rendre ses armes*, par L. Bonnet.
>Belle épreuve aux deux crayons. Marges.

84 — *La Belle Cuisinière*, par Aveline.
>Superbe épreuve. Marges.

85 — *Bergère et enfant*, par L. Bonnet.
>Très belle épreuve à la sanguine. Grandes marges.

86 — *Le Berger récompensé*, par Gaillard.
>Belle épreuve. Marges.

87 — *Buste de Femme de face*, par L. Bonnet.
>Très belle épreuve gravée en imitation de pastel, sur papier blanc. Grandes marges.

88 — *La même estampe.*
>Belle épreuve, imprimée sur papier bleu. Sans marges.

BOUCHER (D'après F.)

89 — *Les Charmes du Printemps. — Les Plaisirs de l'Été. — Les Délices de l'Automne. — Les Amusements de l'Hiver.*

    Suite de quatre pièces, par J. Daullé, d'après les tableaux du maître, qui ornaient le château de Bellevue.
    Très belles épreuves. Marges.

90 — *Les mêmes estampes.*

    Belles épreuves, dont deux à petites marges.

91 — *Les Charmes du Printemps,* par J. Daullé.

    Belle épreuve. Marges.

92 — *Les Charmes de la vie champêtre,* par J. Daullé.

    Belle épreuve. Marges.

93 — *La Confidence. — Le Repos.*

    Deux pièces faisant pendants, par Bonnefoy.
    Belles épreuves à toutes marges.

94 — *La Coquette,* par J. Daullé.

    Très belle épreuve.

95 — *Le Départ du courrier. — L'Arrivée du courrier.*

    Deux pièces faisant pendants, par Beauvarlet.
    Superbes épreuves, avant la lettre. Remargées.

96 — *Les mêmes estampes.*

    Belles épreuves. Marges.

97 — *Étude de Femme debout,* par L. Bonnet.

    Très belle épreuve aux crayons noir et blanc, sur papier bleu. Grandes marges.

98 — *La Fécondité,* par Gaillard.

    Belle épreuve. Petites marges.

99 — *Les Fruits du ménage,* par Vasseur.

    Belle épreuve à toutes marges.

BOUCHER (D'après F.)

100 — *Les Grâces au bain*, par Ryland.
    Belle épreuve à grandes marges.

101 — *Groupes d'amours.*
    Deux pièces, par Demarteau (153-518).
    Belles épreuves aux crayons de couleurs.

102 — *Groupes d'Enfants et d'Amours.*
    Trente pièces environ.

103 — *Jeune Femme assise sur un lit*, par L. Bonnet.
    Très belle épreuve à la sanguine. Grandes marges.

104 — *Jeux d'Enfants*, par Demarteau (585).
    Belle épreuve aux deux crayons.

105 — *Jupiter et Léda*, par Ryland.
    Belle épreuve. Petites marges.

106 — *La Laveuse*, par L. Bonnet.
    Belle épreuve à la sanguine. Marges.

107 — *Madame Favart*, dans le rôle de *Ninette*, par Demarteau (470).
    Très belle épreuve aux deux crayons.

108 — *La Marchande d'œufs*, par Daullé.
    Belle épreuve. Marges.

109 — *Les Nourrices. — Le Triste souvenir. — La Maîtresse d'école*, etc.
    Quatre pièces gravées au lavis, par Janinet, Bonnet, Le Prince. etc.
    Bonnes épreuves. Marges.

110 — *L'Obéissance récompensée*, par Gaillard.
    Belle épreuve. Marges.

BOUCHER (D'après F.)

111 — *Le Panier mystérieux*, par Gaillard.
    Belle épreuve. Marges.

112 — *La Peinture*, par M. M. Igonet.
    Très belle épreuve. Marges.

113 — *Pensent-ils à ce mouton?* par Mme Jourdan.
    Belle épreuve. Marges.

114 — *Première veüe de Charenton. — Seconde veüe de Charenton.*
    Deux pièces faisant pendants, par Le Bas.
    Très belles épreuves à petites marges.

115 — *Les Présents du Berger*, par Lempereur.
    Belle épreuve avec marges.

116 — *Petit Ménage*, par Demarteau (50).
    Très belle épreuve à la sanguine. Toutes marges.

117 — *Le Petit chariot*, par Demarteau (503).
    Belle épreuve aux deux crayons.

118 — *Pastorales*, par Demarteau (486-487).
    Deux pièces en médaillons ovales.
    Belles épreuves aux deux crayons. Marges.

119 — *Paysages.*
    Trente pièces environ.

120 — *Pastorales*, par divers.
    Seize pièces environ.

121 — *Paysage et Pastorales.*
    Cinq pièces.
    Bonnes épreuves. Marges.

122 — *Le Réveil*, par Levesque.
    Belle épreuve du 1er état, non terminée, avant l'adresse de Bligny.

BOUCHER (D'après F.)

123 — *La même estampe.*
Bonne épreuve terminée.

124 — *Sujets gracieux.*
Cinq pièces par Bonnet et Demarteau (468-489-516).
Belles épreuves aux crayons de couleurs.

125 — *Sujets et compositions mythologiques.*
Vingt-quatre pièces environ.

126 — *Sujets pastoraux divers*, eau-forte et burin.
Quarante pièces environ.

127 — *Le Trait dangereux*, par Poletnich.
Belle épreuve à grandes marges.

128 — *Têtes de Femmes.*
Trois pièces, dont deux du même sujet, par Demarteau (155-217).
Belles épreuves aux deux crayons.

129 — *Vénus et l'Amour*, par L. Bonnet.
Belle épreuve aux deux crayons, sur papier blanc. Grandes marges.

130 — *Vénus et l'Amour*, médaillon ovale, par Demarteau (488).
Très belle épreuve aux deux crayons. Marges.

131 — *Vénus et le Cygne*, médaillon ovale, par l'Éveillé.
Très fraîche épreuve en couleurs. Petites marges.

132 — *Vénus se préparant au Jugement de Paris...*, par de Lorraine.
Très belle épreuve.

133 — *Vénus tranquille*, par Duflos.
Belle épreuve.

BOUCHER (D'après F.)

134 — *La Voluptueuse*, par Poletnich.
   Très belle épreuve. Marges.

135 — *Vignettes, ornements, vases*, etc.
   Quarante pièces environ.

BOUCHER ET AUTRES (D'après F.)

136 — Dix-sept pièces, par Bonnet et autres.
   Belles épreuves, la plupart avec marges.

137 — *Études diverses et sujets gracieux.*
   Trente pièces à la sanguine, par Bonnet, Demarteau, etc.
   Belles épreuves. Marges.

138 — Treize pièces, par les mêmes.
   Belles épreuves. Grandes marges.

139 — Quinze pièces à la sanguine, par les mêmes.
   Belles épreuves avec marges.

140 — Seize pièces, par les mêmes.
   Belles épreuves. Marges.

141 — Dix-sept pièces, par les mêmes.
   Belles épreuves. Marges.

142 — Vingt pièces, par les mêmes.
   Belles épreuves avec marges.

143 — Vingt et une pièces à la sanguine, par les mêmes.
   Belles épreuves, la plupart avec marges.

BUNBURY (D'après)

144 — *Les Occupations domestiques*, par Tomkins.
   Pièce de forme ronde.
   Bonne épreuve imprimée en rouge. Petites marges.

CANOT (D'après)

145 — *Le Maître de danse*, par Le Bas.
>Très belle épreuve à toutes marges.

146 — *Le Souhait de la bonne année au grand-papa*, par Le Bas.
>Très belle épreuve. Petites marges.

CARESME (D'après)

147 — *L'Amant effrayé. — Les Amants satisfaits.*
>Deux pièces faisant pendants, par Phelipeau.
>Belles épreuves imprimées en couleurs. Marges.

148 — *L'Aveugle trompé*, par Wossenik.
>Belle épreuve imprimée en couleurs. Marges.

149 — *La Petite Thérèse*, par Couché.
>Pièce faisant pendant à la *Fuite à dessein*, d'après Fragonard.
>Belle épreuve. Marges.

150 — *Le Satyre amoureux. — Le Satyre refusé.*
>Deux pièces faisant pendants, par Demarteau (542-543).
>Belles épreuves aux crayons de couleurs.

151 — *Scène de cabaret*, par Mixelle.
>Belle épreuve imprimée en couleurs.

CARICATURES

152 — *Le Goût du jour* (n° 11). — *Le Sérail en boutique. — Garde à vous.*
>Trois pièces coloriées, publiées chez Bas et et Martinet.

153 — *Le Bon genre. — Le Suprême bon ton.*
>Treize pièces coloriées.
>Bonnes épreuves. Marges.

CARICATURES

154 — *Satiriques, humoristiques ou politiques.*
   Cinquante-neuf pièces en noir ou coloriées.
   Bonnes épreuves.

CHALLE (D'après)

155 — *L'Amant surpris. — Les Espiègles.*
   Deux pièces faisant pendants, par Descourtis.
   Superbes épreuves imprimées en couleurs. Marges.

156 — *Les Appas multipliés*, par Dennel.
   Très belle épreuve avant toute lettre, portant au crayon les signatures des artistes. Marges.

157 — *La même estampe.*
   Bonne épreuve.

158 — *Le Bouquet impromptu*, par Aug. Legrand.
   Très belle épreuve en couleurs. Marges.

159 — *La Comparaison*, par Bouillard et Dupréel.
   Superbe épreuve en noir avant toute lettre. Petites marges.

160 — *La Conviction. — La Défaite*
   Deux pièces faisant pendants, par Marchand.
   Très belles épreuves. Marges.

161 — *La Défaite*, par Marchand.
   Très belle épreuve. Grandes marges.

162 — *La même estampe.*
   Bonne épreuve.

163 — *Les Désirs de l'Amour.— Les Plaisirs de l'Hymen.*
   Deux pièces faisant pendants, par Legrand.
   Très belles épreuves en bistre. Marges.

CHALLE (D'après)

164 — *Jupiter et Léda.* — *Zéphyre et Flore.*
   Deux pièces faisant pendants, par Tilliard.
   Superbes épreuves. Marges.

165 — *Le Modèle disposé*, par Chaponnier.
   Belle épreuve. Marges.

166 — *Le Premier baiser de l'amour.* — *Le Premier mouvement de la nature.*
   Deux pièces faisant pendants, par Legrand.
   Très belles épreuves en couleurs. Petites marges.

167 — *Quand l'Hymen dort, l'Amour veille.*
   Pièce de forme ovale, par Maucler.
   Très belle épreuve en couleurs. Marges.

CHARDIN (D'après J.-B. S.)

168 — *Les Amusements de la vie privée*, par Surugue.
   Superbe épreuve. Petites marges. Rare.

169 — *La Blanchisseuse.* — *La Fontaine.*
   Deux pièces faisant pendants, par C.-N. Cochin.
   Très belles épreuves. Petites marges.

170 — *La Bonne Mère*, par M. Weis.
   Pièce seulement attribuée au maître, par Em. Bocher.
   Bonne épreuve. Marges.

171 — *Le Château de cartes.* — *La Maîtresse d'école.* — *Le Dessinateur.* — *La Mère laborieuse*, etc.
   Treize pièces originales ou copies.

172 — *Étude du dessein* (sic), par Le Bas.
   Très belle épreuve. Grandes marges.

173 — *La Gouvernante*, par Lépicié.
   Très belle épreuve. Petites marges.

CHARDIN (D'après J.-B. S.)

174 — *L'Inclination de l'âge*, par Surugue fils.
Très belle épreuve. Marges. Rare.

175 — *La Maîtresse d'école*, par Lépicié.
Très belle épreuve. Petites marges.

176 — *La Mère laborieuse*, par Lépicié.
Très belle épreuve. Grandes marges.

177 — *La même estampe*, par J. Le Moine.
Très belle épreuve. Petites marges.

178 — *Le Négligé ou la Toilette du matin*, par Le Bas.
Très belle épreuve. Petites marges.

179 — *La même estampe.*
Très belle épreuve. Très petites marges.

180 — *La Pourvoyeuse. — La Ratisseuse.*
Deux estampes faisant pendants, copies des estampes originales de Lépicié.
Bonnes épreuves.

181 — *La Serinette*, par L. Cars.
Très belle épreuve. Petites marges.

182 — *La même estampe.*
Belle épreuve. Remargée.

CIPRIANI (D'après)

183 — *Sujets gracieux et études.*
Dix-neuf pièces en noir et en couleurs, la plupart par Bartolozzi.
Très belles épreuves. Marges.

CIVIL

184 — *Comparaison du bouton de rose. — La Vertu irrésolue.*
> Deux petites pièces in-4° faisant pendants.
> Belles épreuves en bistre. Petites marges.

COCHIN (Par ou d'après C. N.)

185 — *Cérémonies et Fêtes publiques.*
> Grandes pièces in-folio provenant de grands ouvrages du xviii° siècle, publiées pour le Roi.
> Dix pièces à toutes marges.

COCHIN (D'après C.-N.)

186 — « *L'Abondance et les Arts, les Talens, la Justice* », etc. — « *Les Grâces sur son front soutiennent la Couronne* ».
> Deux pièces allégoriques sur Louis XVI et Marie-Antoinette, par de Longueil.
> Très belles épreuves avec la première adresse, celle de l'auteur. Marges.

187 — *La Soirée*, par C. Gallimard.
> Belle épreuve. Petites marges.

188 — *Le Tailleur pour femme. — La Ravaudeuse.*
> Deux pièces faisant pendants, par Ravenet.
> Belles épreuves. Marges.

COLSON (D'après)

189 — *L'Action. — Le Repos.*
> Deux charmantes estampes faisant pendants, par N. Dupuis.
> Superbes épreuves à toutes marges.

190 — *Le Repos*, par N. Dupuis.
> Belle épreuve. Petites marges.

COURTOIS (D'après)

191 — *Bustes de Jeunes Femmes*, par Demarteau (315-316).
    Belles épreuves à la sanguine. Marges.

DEBUCOURT (P.-L.)

192 — *Annette et Lubin* (M. F., 22).
    Très belle épreuve en couleurs. Marges.

193 — *Le Menuet de la Mariée* (M. F., 8).
    Belle épreuve de premier tirage, avec un seul point après la date 1786. Petites marges.

194 — *Promenade de la Gallerie (sic) du Palais-Royal,* 1787 (M. F., 11).
    Superbe épreuve *imprimée en couleurs*. Marges. Rare de cette qualité.

195 — *La Promenade publique*, 1792 (M. F., 33).
    Très belle épreuve *imprimée en couleurs*, avec l'adresse de Depeuille. Belles marges.

196 — *La Rose mal défendue*, 1791 (M. F., 27).
    Gravure à l'aquatinte et au burin.
    Superbe et très rare épreuve *imprimée en couleurs*, remargée au-dessous des noms d'artistes.

197 — *Humanité et Bienfaisance du Roi* (M. F., 10).
    Très fraîche épreuve en couleurs avec la première adresse, celle de l'auteur. Marges. Rare.

198 — *Minet aux aguets* (M. F., 57).
    Très belle épreuve coloriée. Marges.

199 — *Ils sont heureux* (M. F., 59).
    A l'aquatinte.
    Très belle épreuve du deuxième état avec la lettre blanche.

DEBUCOURT (P.-L.)

200 — *Jouis, tendre mère* (M. F., 58).
    A la manière noire.
    Belle épreuve avec marges.

201 — *Les Courses du matin, ou la Porte d'un riche* (M. F., 173), publiée l'an XIII.
    Très belle épreuve coloriée. Marges.

202 — *La Femme et le mari, ou les Époux à la mode* (M. F., 148.)
    Belle épreuve. Marges.

203 — *Les Petits Messieurs, ou les Adolescents à la mode* (M. F., 172).
    Copie en contre-partie de l'estampe du maître.
    Très belle épreuve en couleurs.

204 — *Les Visites* (M. F., 65).
    Très belle épreuve coloriée. Marges.

205 — *La Course. — L'Entrée à la grotte* (M. F., 126-128).
    Deux vignettes in-4°, pour illustrer *Hero et Léandre*.
    Très belles épreuves en couleurs. Marges.

206 — *Illumination de la grande cascade de Saint-Cloud* (M. F., 221).
    Belle épreuve en couleurs, du 2ᵉ état. Marges.

207 — *Paysage en temps de neige* (M. F., 223). — *Berline arrêtée par l'orage* (M. F., 224).
    Deux pièces faisant pendants, à l'aquatinte.
    Belles épreuves en couleurs. Sans marges.

208 — *L'Incendie* (M. F., 167).
    Belle épreuve coloriée. Marges.

209 — *Berceau de Paul et Virginie* (M. F., 54).
    Belle épreuve. Marges.

DEBUCOURT (P.-L.)

210 — *Le Colin-Maillard.* — *La Main-Chaude* (M. F., 522-523).
    Deux pièces faisant pendants.
    Superbes épreuves, rehaussées en couleurs. Marges.

211 — *La Main-Chaude* (M. F., 522).
    Très belle épreuve, avant l'adresse de Basset.
    État non décrit. En partie coloriée. Marges.

212 — *L'École en désordre* — *L'Horoscope* (M. F., 531-550).
    Deux pièces en noir. Marges.

213 — *Le Marchand de Galette.* (Le Père Coupe-toujours). (M. F., 495).
    Très belle épreuve, avant toute lettre. Marges.

214 — *La même estampe.*
    Belle épreuve avec la lettre. Marges.

215 — *Grenadier et Tambour de la Garde nationale parisienne*, d'après C. Vernet (M. F., 347).
    Superbe épreuve en couleurs. Marges.

216 — *Le Coup de vent*, d'après C. Vernet (M. F., 352).
    Superbe épreuve en couleurs. Marges.

217 — *Il n'y a pas de feu sans fumée*, d'après C. Vernet (M. F., 382).
    Superbe épreuve en couleurs. Marges.

218 — *Le Jour de barbe d'un Charbonnier*, d'après C. Vernet (M. F. 377).
    Très belle épreuve en couleurs. Marges.

219 — *La Marchande de cerises*, d'après C. Vernet (M. F., 364).
    Superbe épreuve en couleurs. Marges.

DEBUCOURT (P.-L.)

220 — *La Marchande de coco*, d'après C. Vernet (M. F., 361).
: Superbe épreuve en couleurs. Marges.

221 — *La Marchande d'eau-de-vie*, d'après C. Vernet (M. F., 360).
: Bonne épreuve en couleurs. Marges.

222 — *Le Marchand de peau de lapin*, d'après C. Vernet (M. F., 381).
: Superbe épreuve en couleurs. Marges.

223 — *La Marchande de poissons*, d'après C. Vernet (M. F., 380).
: Superbe épreuve en couleurs. Marges.

223 bis — *La Marchande de saucisses*, d'après C. Vernet (M. F., 363).
: Très belle épreuve en couleurs. Marges.

224 — *Passez, Payez*, d'après C. Vernet (M. F., 378).
: Très belle épreuve en couleurs. Marges.

225 — *Rempailleur de chaises*, d'après C. Vernet (M. F., 384).
: Superbe épreuve en couleurs. Marges.

226 — *La Toilette d'un clerc de procureur*, d'après C. Vernet (M. F., 368).
: Très belle épreuve en couleurs. Marges.

227 — *Le Juge ou la Cruche cassée*, par Leveau (M.F., 1).
: Très belle épreuve. Marges.

228 — *La Rose mal défendue*, par Bonnemain (M. F., 196).
: Copie en réduction de l'estampe du maître.
: Belle épreuve remargée.

DE MACHY (D'après)

229 — *Vue du Port Saint-Nicolas*, par Desjardins.
   Superbe et rare épreuve en couleurs avant toute lettre. Doublée.

DEMARTEAU

230 — *Le Marchand d'huîtres. — La Marchande de lait.*
   Deux pièces, d'après Clermont (454-455).
   Très belles épreuves aux crayons de couleurs.

231 — *Les mêmes estampes.*
   Très belles épreuves. Même état.

232 — *P.-P. Rubens. — Bustes de Femmes. — Jeune Femme assise.*
   Quatre pièces (184-340-419-420), d'après Ant. Watteau.
   Belles épreuves à la sanguine et aux crayons de couleurs.

233 — *Buste de Jeune femme de profil*, d'après Fredou (n° 421).
   Très belle épreuve aux deux crayons.

234 — *Le Poète. — Le Sculpteur.*
   Deux pièces, d'après Clermont (445-447).
   Très belles épreuves aux crayons de couleurs.

235 — *Le Premier navigateur*, d'après Le Barbier (623).
   Superbe épreuve en couleurs. Marges.

DESCAMPS (D'après J.-B.)

236 — *La Pupille*, par N. Le Mire.
   Belle épreuve. Petites marges.

DESCOURTIS

237 — *Paul et Virginie.*
    Suite complète de six pièces en largeur, d'après Challe.
    Superbes épreuves en couleurs. Marges.

238 — *Vue du Port Saint-Paul, prise au bas du parapet,* d'après de Machy.
    Très belle épreuve en couleurs. Petites marges.

239 — *Vues d'Interlaken, de la Vallée d'Urseren, de Thun, du Lac de Brienz, du Canton de Berne,* etc., d'après Rosenberg, Wolff et autres.
    Six estampes avant et avec lettre.
    Superbes épreuves. Marges.

DESFOSSÉS (D'après)

240 — *La Reine annonçant à Madame de Bellegarde des juges et la liberté de son mari,* par Duclos.
    Superbe épreuve avant la lettre. Petites marges.

DE TROY (D'après)

241 — *Les Apprêts du bal. — Le Retour du bal.*
    Deux pièces faisant pendants, par Beauvarlet.
    Belles épreuves avec l'adresse de Marel.

242 — *Bethsabée au bain,* par L. Cars.
    Très belle épreuve. Petites marges.

243 — *La Gouvernante fidèle,* par Cochin.
    Très belle épreuve. Petites marges.

244 — *Quatorze pièces* de son œuvre.
    Bonnes épreuves. Marges.

DROUAIS (D'après F.-H.)

245 — *Les Bulles de savon*, charmant portrait de fillette, par Boizot.

    Superbe épreuve. Grandes marges.

246 — *Les Enfants du comte de Béthune*, par Beauvarlet.

    Très belle épreuve. Marges.

ÉCOLE FRANÇAISE DU XVIIIe SIÈCLE

247 — *Scène de Carnaval.*

    Pièce très curieuse par les costumes.
    Belle épreuve avant la lettre. Petites marges.

248 — *La Bonne Mère.* — *Le Départ et le Retour du courrier.* — *Le Printemps.* — *Le Midi*, etc., d'après Fragonard, Boucher, Lancret, etc.

    Sept pièces.

249 — *Le Marchand ambulant.* — *Le Soldat en semestre.* — *Marche comique.* — *Le Concert pastoral*, etc., d'après Freudeberg, Lancret, Pater, Saint-Aubin, etc.

    Six pièces.

EISEN (D'après Ch.)

250 — *L'Amour européen* (Portrait présumé de la marquise de Pompadour), par Basan.

    Superbe épreuve. Grandes marges.

251 — *Le Bouquet*, par R. Gaillard.

    Superbe épreuve avec grandes marges.

252 — *Le Bouquet bien reçu.* — *Le Mouton favori.*

    Deux pièces faisant pendants, par Gaillard.
    Belles épreuves. Marges.

EISEN (D'après Ch.)

253 — *Le Concert méchanique* (sic), par de Longueil.
    Très belle épreuve. Marges.

254 — *Le Jour. — La Nuit.*
    Deux charmantes pièces faisant pendants, par Patas.
    Très belles épreuves. Petites marges.

255 — *Le Printemps.— L'Été.— L'Automne.— L'Hiver.*
    Suite de quatre jolies pièces, par de Longueil.
    Très belles épreuves. Marges.

256 — *Le Matin. — Le Midy. — L'Après-Midy. — Le Soir.*
    Suite de quatre jolies petites pièces, par de Longueil.
    Très belles épreuves. Marges.

257 — *Le Matin*, par de Longeuil.
    Très belle épreuve. Toutes marges.

258 — *Le Pasteur heureux*, par R. Gaillard.
    Belle épreuve. Marges.

259 — *Le Petit Donneur d'avis*, par Tardieu.
    Très belle épreuve. Petites marges.

260 — *La Vertu sous la garde de la Fidélité. — Les Désirs satisfaits.*
    Deux pièces faisant pendants, par Le Beau et Patas.
    Très belles épreuves avant la lettre. Petites marges.

261 — *Les Désirs satisfaits*, par Patas.
    Bonne épreuve. Petites marges.

262 — *Sujets gracieux.*
    Dix-huit pièces.
    Bonnes épreuves.

EISEN LE PÈRE (D'après)

263 — *L'École flamande.— Les Petits Bouffons.— L'Arracheur de dents. — Le Lunetier.*

Quatre pièces par Dupuis, Cathelin, etc.
Bonnes épreuves.

264 — *La Marchande de chansons*, par L. Cor.

Très belle épreuve. Marges.

265 — *Le Plaisir malin*, par L. Halbou.

Belle épreuve. Marges.

ELLIS (W.)

266 — *Autumn*, d'après T. Hearne.

Très belle épreuve en noir. Marges.

FRAGONARD (H.)

267 — *L'Armoire.* Eau-forte originale du Maître.

Superbe épreuve avec l'adresse de Naudet. Marges.

268 — *Jeux de Satyres.*

Suite de quatre eaux-fortes originales du Maître.
Superbes épreuves du 1er état avant toute lettre et avant les numéros. Marges.

FRAGONARD (D'après H.)

269 — *Annette à l'âge de quinze ans. — Annette à l'âge de vingt ans.*

Deux pièces faisant pendants, par Godefroy.
Belles épreuves à grandes marges.

270 — *Les Baignets* (sic), par de Launay.

Belle épreuve. Marges.

FRAGONARD (D'après H.)

271 — *Les Baisers.*
>Deux pièces faisant pendants, par Marchand.
>Superbes épreuves. Grandes marges.

272 — *Une des deux mêmes estampes.*
>Belle épreuve. Petites marges.

273 — *La Bonne Mère. — Le Serment d'amour*
>Deux pièces faisant pendants, par N. de Launay,
>Bonnes épreuves anciennes. Petites marges.

274 — *La Cachette découverte. — Pèlerinage à Saint-Nicolas.*
>Deux pièces, par de Launay et Mathieu.
>Belles épreuves; la seconde est avant la lettre.

275 — *La Chemise enlevée*, par Guersant.
>Très belle épreuve. Petites marges.

276 — *Le Chiffre d'amour*, par N. de Launay.
>Très belle épreuve. Marges.

277 — *La Coquette fixée*, par Couché et Dambrun.
>Superbe épreuve avant la dédicace avec toute ses marges.

278 — *La Culbute.*
>Pièce gravée en fac-simile de sépia, par Charpentier.
>Belle épreuve.

279 — *Contes de La Fontaine.* Edition Didot, in-4°.
>Dix-sept pièces, dont quelques-unes avant la lettre.
>Belles épreuves. Marges.

280 — *La Danse de l'Ours. — La Danse de Peccata.*
>Deux petites pièces faisant pendants, par Varin.
>Belles épreuves. Marges.

FRAGONARD (D'après H.)

281 — *Dites donc, s'il vous plaît*, par de Launay.
Superbe épreuve avec très grandes marges.

282 — *Le Petit Prédicateur*, par N. de Launay.
Superbe épreuve avec très grandes marges.

283 — *La Fontaine d'amour. — Le Songe d'amour.*
Deux pièces faisant pendants, par Regnault.
Très belles épreuves avant la lettre. Marges.

284 — *Les mêmes estampes.*
Belles épreuves. Marges.

285 — *Fontaine d'amour*, gravée en réduction au pointillé, par Audebert.
Très belle épreuve imprimée en couleurs. Marges. Rare.

286 — *La Fuite à dessein*, par Macret et Couché.
Très belle épreuve. Marges.

287 — *Les Hasards heureux de l'Escarpolette*, par N. de Launay.
Très belle épreuve de la planche carrée. Petites marges.

288 — *L'Heureux moment*, par Marchand.
Belle épreuve. Marges. Rare.

289 — *L'Innocence inspire la tendresse*, par Voizard.
Superbe épreuve avant la dédicace, avec toute ses marges.

290 — *L'Inspiration favorable*, par Halbou.
Belle épreuve. Grandes marges.

291 — *Les Jeunes Sœurs*, par Vidal.
Belle épreuve.

292 — *Ma Chemise brûle!* par A. Legrand.
Superbe épreuve avec marges.

FRAGONARD (D'après H.)

293 — *La Mère de famille*, par Romanet.
    Bonne épreuve. Marges.

294 — *S'il m'était aussi fidèle*, par Dennel.
    Superbe épreuve avant toute lettre. Marges.

295 — *Télémaque et Eucharis*, par L. Furcy.
    Belle épreuve en couleurs. Marges.

296 — *Le Verre d'eau.* — *Le Pot au lait.*
    Deux pièces faisant pendants.
    Superbes épreuves anciennes. Petites marges.

297 — *Le Verrou.* — *Le Contrat.*
    Deux pièces faisant pendants, par Blot.
    Belles épreuves anciennes. Marges inégales.

298 — *Le Verrou*, par Lecampion.
    Charmante pièce gravée à la manière du lavis. Remargée.

FRAGONARD et L'ABBÉ DE SAINT-NON

299 — *Paysages d'Italie.* — *Parcs.*
    Neuf pièces, eaux-fortes.
    Bonnes épreuves.

300 — *Voyage en Italie* et autres. Croquis.
    Cinquante pièces à l'aquatinte, etc.
    Bonnes épreuves.

FRAGONARD et Mlle GÉRARD (D'après)

301 — *Le Premier Pas de l'enfance*, par Vidal.
    Belle épreuve. Marges.

FREUDEBERG (D'après S.)

302 — *Les Adieux du Laboureur.— La Chute inévitable.*
Deux pièces, par Trière et de Launay.
Bonnes épreuves.

303 — *La Complaisance maternelle*, par de Launay.
Belle épreuve. Petites marges.

304 — *Lison dormait,* par Trière.
Belle épreuve. Marges.

305 — *Le Marchand ambulant.— Le Soldat en semestre.*
Deux pièces faisant pendants, par Ingouf junior.
Superbes épreuves du 1er état avant la lettre. Marges.

306 — *La Promenade du matin*, par Lingée.
Très belle épreuve. Marges.

307 — *La Visite inattendue*, par Voyez l'aîné.
Belle épreuve. Petites marges.

GÉRARD (D'après Mlle)

308 — *L'Art d'aimer*, par H. Gérard.
Très belle épreuve avant la lettre. Marges.

309 — *C'est pour lui que je les rassemble*, par Vidal.
Superbe épreuve, avant la lettre, d'une pièce rare. Marges.

310 — *La même estampe.*
Belle épreuve avec la lettre. Petites marges.

311 — *Chut!* par H. Gérard.
Très belle épreuve avant la lettre.

312 — *Dors, mon enfant*, par H. Gérard.
Belle épreuve. Marges.

GÉRARD (D'après Mlle)

313 — *L'Espoir du retour*, par H. Gérard.
   Très belle épreuve. Marges.

314 — *L'Heure du rendez-vous*, par H. Gérard.
   Bonne épreuve fatiguée.

315 — *Je m'occupais de vous*, par Vidal.
   Bonne épreuve. Marges.

316 — *Les Premières caresses du jour*, par H. Gérard.
   Très belle épreuve. Marges.

317 — *Le Triomphe de Minette*, par Tassaert.
   Belle épreuve. Marges.

GRAVELOT (D'après H.)

318 — *Le Roi et le Fermier*.
   Petite pièce gravée au lavis et publiée chez Janinet.
   Très belle épreuve. Toutes marges.

GREUZE (D'après J.-B.)

319 — *La Blanchisseuse*, par Danzel.
   Bonne épreuve. Marges.

320 — *La Bonne Mère*, par L. Cars.
   Belle épreuve. Marges.

321 — *La Cruche cassée*, par Massard.
   Belle épreuve avec toute ses marges.

322 — *La Dame bienfaisante*, par Massard
   Superbe épreuve avant toute lettre. Marges.

323 — *Le Donneur de sérénade*, par Moitte.
   Belle épreuve. Marges.

GREUZE (D'après J.-B.)

324 — *L'Enfant gâté.* — *Le Silence.*
    Deux pièces faisant pendants, par Corbutt.
    Bonnes épreuves.

325 — *La Fille grondée*, par Letellier.
    Belle épreuve. Grandes marges.

326 — *Le Geste napolitain.* — *Les Œufs cassés.*
    Deux pièces faisant pendants, par Moitte.
    Belles épreuves. Marges.

327 — *Jeune Fille en buste*, dans un médaillon ovale, avec encadrement orné, par Ingouf le jeune.
    Très belle épreuve. Grandes marges.

328 — *La même estampe.*
    Bonne épreuve. Marges.

329 — *La Jeune Nourrice.* — *La Petite Mère.*
    Deux pièces faisant pendants, par Moitte.
    Belles épreuves. Petites marges.

330 — *La Maman*, par Beauvarlet.
    Superbe épreuve. Marges.

331 — *La Marchande de marrons.* — *La Marchande de pommes cuites.*
    Deux pièces faisant pendants, par Beauvarlet.
    Belles épreuves. Grandes marges.

332 — *Le Ménage ambulant*, par Binet.
    Très belle épreuve. Grandes marges.

333 — *La Paresseuse*, par Moitte.
    Très belle épreuve. Grandes marges.

334 — *La Petite Fille à la poupée.* — *Le Petit Polisson.*
    Deux pièces, par Ingouf et Le Vasseur.
    Belles épreuves. Marges.

GREUZE (D'après J.-B.)

335 — *Les Premières Leçons de l'Amour*, par Voyez l'aîné.
Deux épreuves. Marges.

336 — *La Privation sensible*, par Simonet.
Belle épreuve. Toutes marges.

337 — *Retour de Nourrice*, par Hubert.
Superbe épreuve.

338 — *La Servante congédié* (sic), par Voyez.
Belle épreuve. Marges.

339 — *La même estampe.*
Belle épreuve. Marges.

340 — *Les Sevreuses*, par Ingouf.
Belle épreuve.

341 — *Thaïs, ou la Belle Pénitente*, par Levasseur.
Belle épreuve. Marges.

342 — *La Tricoteuse endormie*, par [C.-D. Jardinier.
Très belle épreuve avant toute lettre, non entièrement terminée. Marges.

343 — *La même estampe.*]
Très belle épreuve du même état. Sans marges.

344 — *La Vertu chancelante*, par Massard.
Très belle épreuve. Grandes marges. Au dos : les signatures autographes des artistes.

345 — *La même estampe.*
Très belle épreuve, avec la même remarque. Petites marges.

346 — *Trente-sept pièces de son œuvre.*
Bonnes épreuves. Marges.

GRIMOU (D'après)

347 — *Le Double Portrait. — La Fausse apparence. — L'Espagnolette. — Jeune Fille à l'oiseau. — Portrait de Jeune Fille.*

<small>Cinq pièces, par Lépicié, Martin et Burford.
Bonnes épreuves. Marges.</small>

GUYOT (Chez)

348 — *Les Quatre Heures du jour.*

<small>Cinq petits médaillons ronds, sur une seule feuille.
Très belle épreuve, *imprimée en couleurs*. Marges. Rare.</small>

HEMERY

349 — *Vue de la place Louis XV*, avec le garde-meuble en construction, ainsi que l'échafaudage devant servir à l'érection de la statue du Roi.

<small>Grande pièce intéressante..
Très belle épreuve. Grandes marges.</small>

HOIN (D'après C.)

350 — *Nina, ou la Folle par amour.* (Portrait de Mlle Dugazon, dans le rôle de), par Janinet.

<small>Ancienne épreuve, imprimée en couleurs. Remargée.</small>

HUET (D'après J-.B.)

351 — *Les Adieux du Fermier*, par Jubier.

<small>Très belle épreuve en couleurs. Petites marges.</small>

352 — *L'Amant pressant. — La Déclaration.*

<small>Deux pièces faisant pendants, par A. Legrand.
Très belles épreuves en bistre et rouge. Marges.</small>

HUET (D'après J.-B.)

353 — *La Déclaration*, par Legrand.
>Très belle épreuve en couleurs. Marges.

354 — *L'Amour offrant des présents à Ariane.— Offrande présenté par l'Amour à la Fidélité.*
>Deux pièces faisant pendants, par L. Bonnet.
>Superbes épreuves en couleurs. Marges.

355 — *L'Amour offrant des présents à Ariane*, par Bonnet.
>Epreuve imprimée en couleurs, doublée.

356 — *L'Amour fait l'offrande de son cœur à Vénus*, par L. Bonnet.
>Belle épreuve en couleurs. Marges.

357 — *L'Air. — Le Feu. — La Terre.*
>Trois pièces ovales, par L. Bonnet ?
>Très belles épreuves en couleurs. Marges.

358 — *L'Après-Midi*, par Demarteau (548).
>Très belles épreuves en couleurs.

359 — *La Belle Dormeuse. — La Belle Jardinière.*
>Deux pièces faisant pendants, par L. Bonnet.
>Très belles épreuves en couleurs. Marges.

360 — *La Bergère récompensée*, par Jubier.
>Belle épreuve en couleurs. Petites marges.

361 — *La Brodeuse au tambour. — La Raccommodeuse de dentelle.*
>Deux pièces faisant pendants, par L. Bonnet.
>Superbes et très fraîches épreuves en couleurs. Marges.

362 — *Bustes de Femmes.*
>Deux pièces, par Demarteau (493-494).
>Superbes épreuves aux crayons de couleurs.

HUET (D'après J.-B.)

363 — *Le Cœur de la Nation.*
> Petite pièce publiée chez Isabey, pour la naissance du Dauphin.
> Belle épreuve. Marges.

364 — *Le Concert des Trois Grâces*, par L. Bonnet.
> Très belle épreuve en couleurs. Marges.

365 — *La Conversation*, par L. Bonnet.
> Belle épreuve en couleurs. Petites marges.

366 — *Le Dénicheur.*
> Superbe épreuve en couleurs, avant toute lettre. Marges.

367 — *Le Départ de campagne*, par Jubier.
> Belle épreuve en couleurs.

368 — *Le Départ d'une foire*, par Jubier.
> Très belle épreuve en couleurs. Petites marges.

369 — *Euridice, courant sur l'herbe avec d'autres nymphes, est mordue d'un serpent au talon et meurt*, par L. Bonnet.
> Belle épreuve en couleurs. Marges.

370 — *La même estampe.*
> Bonne épreuve en couleurs. Marges.

371 — *La Nymphe Hespérie, fuyant Esaque qui l'aimait, fut piquée par un serpent et mourut de la blessure*, par L. Bonnet.
> Belle épreuve en couleurs. Petites marges.

372 — *La Fidélité couronne l'Amour*, par Wolff.
> Belle épreuve en noir. Toutes marges.

373 — *Le Goûter champêtre*, par Jubier.
> Très fraîche épreuve, en couleurs. Petites marges.

HUET (D'après J.-B.)

374 — *Les Grâces enchaînées par l'Amour*, par Bonnet.
   Très belle épreuve en couleurs. Marges.

375 — *Intérieur de ferme*, par Jubier ?
   Belle épreuve en couleurs.

376 — *Jeune Fille au mouton. — Jeune Fille aux papillons.*
   Deux pièces faisant pendants, par Demarteau.
   Très belles épreuves en couleurs. Petites marges.

377 — *Jeux d'amour.*
   Deux pièces faisant pendants, par Demarteau (491-492).
   Belles épreuves en couleurs.

378 — *Jupiter couvre la terre de nuages pour jouir d'Io*, par L. Bonnet.
   Très belle épreuve en couleurs. Marges.

379 — *Le Jeu du ballon*, par Auvray.
   Superbe épreuve à toutes marges.

380 — *Le Jeu de volant*, par L. Bonnet.
   Épreuve en couleurs à toutes marges

381 — *Le Drapeau national*, par L. Bonnet.
   Très belle épreuve à toutes marges.

382 — *Le Tambour-national*, par L. Bonnet.
   Très belle épreuve à toutes marges.

383 — *Le Point d'honneur, ou le Petit duel*, par L. Bonnet.
   Très belle épreuve à toutes marges.

384 — *La Bastille détruite, ou la Petite victoire*, par L. Bonnet.
   Très belle épreuve à toutes marges.

HUET (D'après J.-B.)

385 — *Départ pour le Siège de la Bastille*, par L. Bonnet.
   Très belle épreuve à toutes marges.

386 — *Le Jeu de quilles.* — *Le Coq secouru.* — *Le Petit Château de cartes.* — *Le Frère donne les étrennes à sa sœur.* — *Départ pour le Siège de la Bastille.* — *Le Petit sabot.*
   Six pièces de la suite des *Jeux d'enfants*, par L. Bonnet. Bonnes épreuves avec et sans marges.

387 — *La Laitière*, par Demarteau (407).
   Belle épreuve en couleurs.

388 — *Le Maître de dessein* (sic), par L. Bonnet.
   Belle épreuve en couleurs. Marges.

389 — *L'Oiseau échappé.* — *L'Oiseau attrapé.*
   Deux pièces faisant pendants, gravées dans la manière de Mixelle.
   Belles épreuves en noir.

390 — *L'Oiseau privé*, par L. Bonnet.
   Très belle épreuve en couleurs. Marges.

391 — *Offrande à l'Espérance*, par Jubier.
   Très belle épreuve en couleurs. Marges.

392 — *La même estampe.*
   Belle épreuve en couleurs. Petites marges.

393 — *Offrande au dieu Pan*, par Jubier.
   Très belle épreuve en couleurs. Marges.

394 — *Offrande à Vénus*, par L. Bonnet.
   Superbe épreuve en couleurs. Marges.

395 — *Portrait de Madame Huet*, en médaillon ovale, jouant de la mandoline, par Demarteau (483).
   Très fraîche épreuve en couleurs sans marges.

HUET (D'après J.-B.)

396 — *Pastorale,* par Demarteau (603).
   Très belle épreuve en couleurs.

397 — *Pastorale,* par Demarteau (606).
   Superbe épreuve en couleurs. Marges.

398 — *Les Pêcheurs.* — *Les Laveuses.* (Deux épreuves).
   Trois pièces, par Jubier, en noir, bistre et couleurs.
   Très belles épreuves. Marges.

399 — *Paysages avec figures.*
   Deux pièces faisant pendants, par Jubier.
   Belles épreuves en couleurs.

400 — *Retour du marché,* par Auvray.
   Superbe épreuve en couleurs. Grandes marges.

401 — *Le Serpent sous les fleurs.* — *La Feinte résistance.*
   Deux pièces faisant pendants, par Godefroy et Patas.
   Belles épreuves. Marges.

402 — *Sujets gracieux.*
   Suite de quatre pièces en médaillons ovales in-4°.
   Superbes épreuves en couleurs avant toute lettre et avant le changement. Marges.

403 — *La Toilette en désordre,* par L. Bonnet.
   Très belle épreuve en couleurs. Marges.

404 — *Vénus et l'Amour.*
   Deux pièces faisant pendants, par L. Bonnet.
   Bonnes épreuves en couleurs. Sans marges.

405 — *Vénus et les Amours.* — *Diane et Endymion.*
   Deux pièces ovales faisant pendants, gravées par l'Eveillé, publiées chez Demarteau.
   Très belles épreuves en couleurs. Marges.

HUET (D'après J.-B.)

406 — *Vénus sur les eaux*, par L. Marin (Bonnet).
　　Très belle épreuve en couleurs, avant la draperie.

407 — *La même estampe.*
　　Très belle épreuve en couleurs, avec la draperie.

408 — *Les Lapins. — Bergère et son chien. — Vue des environs de Sartrouville. — Étude pour les demoiselles. — Le Matin. — L'Après-midi*, etc.
　　Sept pièces par Demarteau, Bonnet, Liger, etc.
　　Belles épreuves à la sanguine et aux crayons de couleurs.

409 — *Paysages, figures, animaux, ornements*, etc.
　　Vingt-trois pièces à la sanguine, au lavis, etc.

410 — *Paysages, animaux, pastorales*, etc.
　　Cinquante-quatre pièces à l'eau-forte et au burin, en noir.

INGOUF (P. C.)

411 — *Portrait de la Comtesse d'Artois avec ses enfants.*
　　Médaillon rond ornementé in-4°.
　　Belle épreuve. Marges.

JANINET (F.)

412 — *L'Agréable négligé*, d'après Baudouin (E. B., 28).
　　Superbe épreuve en couleurs. Marges.

413 — *Compagne de Pomone*, d'après Le Clerc.
　　Superbe épreuve en couleurs. Marges.

414 — *La Jeune Vestale*, d'après Le Barbier.
　　Médaillon ovale in-4°.
　　Très belle épreuve en couleurs. Marges.

JANINET (F.)

415 — *La même estampe.*
   Belle épreuve en couleurs. Petites marges.

416 — *Hébé*, d'après Le Barbier.
   Médaillon ovale in-4°.
   Très belle épreuve en couleurs. Marges.

417 — *Henri IV à l'Assemblée des Notables*, d'après D. Bertaux.
   Belle épreuve en couleurs. Marges.

418 — *Henri IV. — Amour*, etc.
   Trois pièces en couleurs et à la sanguine.

419 — *La Noce de village.— Le Repas des Moissonneurs.*
   Deux pièces faisant pendants, d'après P.-A. Ville.
   Très belles épreuves *en couleurs*. Belles marges. Rares.

420 — *Réveil de Vénus*, d'après Charlier.
   Petite pièce en couleurs. Superbe épreuve avec grandes marges.

421 — *La Toilette de Vénus*, d'après Boucher.
   Belle épreuve avec trois amours, en couleurs. Petites marges.

422 — *Vénus désarmant l'Amour*, d'après Charlier.
   Superbe épreuve en couleurs. Marges.

423 — *Vénus en réflexion*, d'après Charlier.
   Superbe épreuve en couleurs. Marges.

JANINET (Chez)

424 — *Bustes de Femmes*, en médaillons ovales.
   Suite de cinq pièces en couleurs, sur encadrements gravés. Rares.

JANINET (Chez)

425 — *Prise de la Bastille.*
> Pièce en couleurs, petit in-folio en travers.
> Belle épreuve à petites marges.

JAZET

426 — *La Promenade du Jardin Turc.*
> Grande pièce intéressante par les costumes, d'après J.-J. de B*.
> Belle épreuve rehaussée en couleurs. Marges.

JEAURAT (Par ou d'après)

427 — *Dessus de bonbonnières* et pièces diverses.
> Quinze pièces en bonnes épreuves.

JEAURAT (D'après)

428 — *L'Accouchée. — La Relevée. — Le Fiacre. — La Vieillesse. — Les Savoyardes.*
> Cinq pièces, par Lépicié, Pasquier et Beauvarlet.
> Très belles épreuves. Marges.

429 — *Babichon. — Nicodème. — La Sultane favorite. — L'Opérateur barri. — Le Berger constant.*
> Cinq pièces, par Basan, Halbou, Balechou et Dufour.
> Bonnes épreuves. Marges.

430 — *L'Enlèvement de Police. — La Place Maubert. — La Place des Halles. — Le Carnaval des Rues de Paris. — Le Transport des Filles de joye à l'hôpital.*
> Cinq pièces, par Aliamet, Duflos, Le Vasseur.
> Bonnes épreuves. Marges.

JEAURAT (D'après)

431 — *L'Éplucheuse de salade. — La Belle rêveuse. — La Petite jalouse. — La Jeune symphoniste. — L'Œconome. — La Dévote. — La Sçavante.*
    Huit pièces, par Aubert, Beauvarlet, Gaillard, etc.
    Bonnes épreuves.

LAGRENÉE (D'après)

432 — *La Tourterelle. — L'Occasion favorable. — Les Jeux de l'amour*, etc.
    Douze pièces.
    Bonnes épreuves.

LANCRET (D'après N.)

433 — *Les Agréments de la campagne*, par Joullain.
    Superbe épreuve. Grandes marges.

434 — *Les Amours du Bocage*, par de Larmessin.
    Très belle épreuve. Petites marges.

435 — *La même estampe.*
    Belle épreuve. Petites marges

436 — *Le Concert pastoral*, par Joullain.
    Superbe épreuve. Grandes marges.

437 — « *D'Un Baiser que Tirsis caché dans ces beaux lieux* », par Silvestre.
    Belle épreuve. Petites marges.

438 — *L'Eau*, par des Place.
    Bonne épreuve. Marges.

439 — *Grandval.*
    Belle pièce in-fol. par Le Bas.
    Très belle épreuve. Marges.

LANCRET (D'après N.)

440 — *La Jeunesse. — L'Adolescence. — La Vieillesse.*
Trois pièces in-fol. par de Larmessin.
Très belles épreuves. Grandes marges.

441 — *Le Jeu de Collin-Maïllard*, grand in-fol., par C.-N. Cochin.
Superbe épreuve avec marges.

442 — *La même estampe.*
Très belle épreuve. Petites marges.

443 — *Le Jeu de Pied de Bœuf*, par de Larmessin.
Très belle épreuve. Petites marges.

444 — *Le Jeu des Quatre coins*, par de Larmessin.
Bonne épreuve.

445 — *Le Maître galant*, par Le Bas.
Très belle épreuve. Marges.

446 — *Le Matin. — Le Midi. — L'Après-Dînée. — La Soirée.*
Suite de quatre pièces par de Larmessin.
Très belles épreuves. Marges.

447 — *L'Après-Dînée*, par de Larmessin.
Bonne épreuve. Marges.

448 — *Partie de plaisirs*, par Moitte.
Superbe épreuve. Grandes marges.

449 — *Le Philosophe marié*, par C. Dupuis.
Très belle épreuve. Marges.

450 — *Le Printemps. — L'Été. — L'Hyver.*
Trois pièces, par de Larmessin.
Bonnes épreuves. Petites marges.

LANCRET (D'après N.)

451 — *Les Quatre Saisons* : Suite de quatre pièces, copies allemandes, par G. Hertel.
   Bonnes épreuves. Marges.

452 — *Récréation champêtre*, par Joullain.
   Bonne épreuve. Marges.

453 — *Le Turc amoureux. — Le Feu. — L'Hiver. — La Conversation galante*, etc.
   Six pièces.

454 — « *Veux-tu d'une inhumaine emporter la tendresse* », par Silvestre.
   Belle épreuve. Marges.

LARGILLIÈRE (D'après N. DE)

455 — *Portrait de Mlle Duclos*, par Desplaces.
   Belle épreuve. Petites marges.

LARMESSIN (DE)

456 — *Le Bast*, d'après Vleughels.
   Belle épreuve. Marges.

457 — *Le Calandrier des vieillards* (sic), d'après Boucher.
   Très belle épreuve avant l'adresse de Buldet. Marges.

458 — *Le Faucon*, d'après N. Lancret.
   Très belle épreuve avant l'adresse de Buldet. Grandes marges.

459 — *Frère Luce*, d'après Vleughels.
   Très belle épreuve avant l'adresse de Buldet. Marges.

LARMESSIN (De)

460 — *La Jument du compère Pierre*, d'après Vleughels.
Très belle épreuve avant l'adresse de Buldet. Marges.

461 — *Le Rossignol*, d'après Le Clerc.
Bonne épreuve avant l'adresse de Buldet. Marges.

462 — *Les Troqueurs*, d'après Lancret.
Belle épreuve avant l'adresse de Buldet. Marges.

463 — *La même estampe.*
Bonne épreuve. Petites marges.

464 — *Le Villageois qui cherche son veau*, d'après Vleughels.
Belle épreuve avant l'adresse de Buldet. Marges.

LA TOUR (D'après M.-Q. de)

465 — *Marie, princesse de Pologne*, reine de France, par Petit.
Portrait ovale in-4°.
Bonne épreuve. Marges.

466 — *Portrait de Femme*, par Surugue.
Très belle épreuve.

LAVREINCE (D'après Nic.)

467 — *L'Accident imprévu.* — *La Sentinelle en défaut* (E. B., 1 et 58).
Deux pièces faisant pendants, par Darcis.
Superbes et rares épreuves, imprimées en bistre, du 1er état avant toute lettre, seulement les noms des artistes à la pointe et les armes. Marges.

468 — *Les Apprêts du Ballet*, par Tresca (E. B., 4).
Belle épreuve, rehaussée en couleurs. Marges.

LAVREINCE (D'après Nic.)

469 — *L'Assemblée au Salon.* — *L'Assemblée au Concert* (E. B., 5 et 6), par Dequevauviller.
> Deux pendants. Épreuves remargées.

470 — *La Balançoire mystérieuse* (E. B., 9), par Vidal.
> Epreuve avec marges.

471 — *Le Billet doux* (F. B., 10), par N. de Launay.
> Belle épreuve avec marges.

472 — *La Comparaison.* (E. B, 12).
> Copie en réduction de l'estampe de Janinet, par J.-B. Chapuy.
> Suberbe épreuve, *en couleurs*. Toutes marges. Rare.

473 — *The Comparison* (sic). (E. B., 12.)
> Copie anglaise, au pointillé, par Partout, de forme ovale.
> Superbe épreuve, à toutes marges.

474 — *Le Concert agréable* (E. B., 13), par C.-N. Varin.
> Épreuve avec marges.

475 — *La Consolation de l'absence* (E. B., 14), par N. de Launay.
> Superbe épreuve avec marges.

476 — *Le Coucher des Ouvrières en modes* (E. B., 16), par Dequevauviller.
> Superbe épreuve du 3ᵉ état avec le titre, les noms des artistes, avec privilège du roi, sans autres lettres. Marges.

477 — *Le Déjeuner anglais.* — *La Leçon interrompue* (E. B., 17-35).
> Deux pièces faisant pendants, par Vidal.
> Belles épreuves rehaussées en couleurs. Marges. Rares.

LAVREINCE (D'après N.)

478 — *Le Directeur des toilettes* (E. B., 21), par Voyez l'aîné.
Belle épreuve avec marges.

479 — *La même estampe.*
Belle épreuve. Petites marges.

480 — *L'Heureux moment* (E. B., 28), par N. de Launay.
Superbe épreuve avec toutes ses marges.

481 — *L'Innocence en danger* (E. B., 31), par Caquet.
Très belle épreuve avec marges.

482 — *La même estampe.*
Belle épreuve. Marges.

483 — *Le Lever des Ouvrières en modes* (E. B., 36), par Dequevauviller.
Superbe épreuve avec le titre et les noms des artistes sans autres lettres. Grandes marges.

484 — *La Marchande à la toilette* (E. B., 37), par Vidal.
Epreuve avec grandes marges.

485 — *Le Mercure de France* (E. B., 38), par Guttemberg.
Epreuve avec marges.

486 — *Les Nymphes scrupuleuses* (E. B., 42), par Vidal.
Epreuve avec marges.

487 — *Le Printemps.— L'Été.— L'Automne.— L'Hiver.* (E. B, 7-24-29-49).
Suite de quatre pièces ovales, gravées par Vidal.
Très belles épreuves en couleurs. Grandes marges.

LAVREINCE (D'après N.)

488 — *Qu'en dit l'abbé?* (E. B., 51), par N. de Launay.
Epreuve avec marges.

489 — *Le Restaurant* (E. B., 53), par Deni.
Très belle épreuve avec marges.

490 — *Le Retour trop précipité* (E. B., 54), par Pierron.
Epreuve avec marges.

491 — *Les Sabots* (E. B., 57), par J. Couché.
Superbe épreuve avant la dédicace. Marges.

492 — *La Soubrette confidente* (E. B., 61), par Vidal.
Très belle épreuve avec marges.

493 — *La même estampe.*
Belle épreuve. Marges.

494 — *The Grove. — The Green plot.*
Deux pièces rondes sans nom de graveur.
Epreuves avec marges.

LE BARBIER ? (D'après)

495 — *Allégorie.*
Pièce gravée en couleurs dans le genre de Janinet.
Belle épreuve sans marges.

LE BAS (Par et d'après J.-Ph.)

496 — *Colin-Maillard. — Pierrot et sa progéniture.*
Deux pièces en bonnes épreuves. Petites marges.

LE BEAU

497 — *La Faible résistance ou le verrou*. — *L'Amant victorieux, suite du Verrou.*
>Deux pièces, d'après Fragonard et Donzel.
>Bonnes épreuves.

498 — *Marie-Antoinette*, Dauphine de France.
>Portrait in-4°, d'après Marillier.
>Belle épreuve. Marges.

499 — *La Partie d'œufs frais.* — *La Réalité du plaisir.*
>Deux pièces ovales faisant pendants.
>Très belles épreuves. Marges.

LE BRUN (D'après)

500 — *L'Épouse mal gardée, ou le Mariage à la mode.*
>Bonne épreuve. Marges.

501 — *La Toilette de la Mariée ou le Jour désiré*, par Dambrun.
>Superbe épreuve. Toutes marges.

502 — *L'Intrigue découverte*, par Voyzard.
>Bonne épreuve. Petites marges.

503 — *Le Repas du matin.* — *La Toilette du midi.* — *La Récréation du soir.* — *Le Divertissement de la nuit.*
>Suite de quatre pièces, par Dambrun.
>Très belles épreuves. Petites marges.

LE CAMPION

504 — *Vues d'Amsterdam et de Hollande.*
>Huit petites pièces rondes.
>Belles épreuves en couleurs. Marges.

LECŒUR

505 — *La Colère feinte. — L'Heureuse distraction.*
    Deux médaillons ovales in-4° en travers, faisant pendants, d'après J.-B. Huet.
    Superbes épreuves en couleurs. Marges.

506 — *Où aller ? — Chez moi.*
    Deux médaillons ovales in-4°, faisant pendants.
    Très belles épreuves en couleurs. Marges.

LECŒUR (D'après)

507 — *Fête du Sacre et Couronnement de Leurs Majestés Impériales.*
    Vue de la Place de la Concorde, ornée des quatre salles de danse et du piédestal élevé au milieu, à l'instant où la fête commence, etc.
    Superbe épreuve en couleurs d'une pièce rare et très intéressante. Marges.

LEGRAND (Aug.)

508 — *La Servante justifiée. — Le Villageois qui cherche son veau.*
    Deux pièces pour illustrer les *Contes de Lafontaine*.
    Belles épreuves en couleurs. Marges.

LE MOINE (D'après)

509 — *Vertumne et Pomone*, par L. Bonnet.
    Belle épreuve à la sanguine. Grandes marges.

LENFANT (D'après P.)

510 — *Les Adieux de Catin. — Le Testament de La Tulipe.*
    Deux pièces faisant pendants, par Beauvarlet.
    Très belles épreuves. Marges.

LE PAON (D'après)

511 — *Revue de la Maison du Roi au Trou d'enfer*, par Le Bas.
    Bonne épreuve. Marges.

LÉPICIÉ (D'après)

512 — *Ménage des Bonnes gens*, par de Longueil.
    Très belle épreuve, avant la dédicace. Marges.

513 — *La Promesse approuvée*, par Hemery.
    Belle épreuve. Marges.

LE PRINCE (D'après)

514 — *L'Amour des fleurs. — L'Amour du travail.*
    Deux pièces faisant pendants, par Chevillet.
    Très belles épreuves. Marges.

515 — *L'Amour du travail*, par Chevillet.
    Très belle épreuve. Marges.

516 — *La Crainte*, par N. Le Mire.
    Bonne épreuve. Marges.

517 — *L'Enfant chéri*, par de Launay.
    Bonne épreuve. Marges.

518 — *The Plasures of Solitude*, par L. Marin (*L. Bonnet*).
    Très belle épreuve en couleurs. Marges.

LE PRINCE (D'après)

519 — *Les Pêcheurs. — Les Laveuses. — Le Coche d'eau.*
   Trois pièces gravées en fac-similé de dessins.
   Superbes épreuves imprimées à la sépia. Marges.

520 — *Dame russe. — Femme de chambre russe. — Paysanne de Moravie. — Tête de Femme.*
   Quatre pièces, par Demarteau (338) et Bonnet.
   Belles épreuves aux crayons de couleur.

521 — *O Fortunatos minium... — Jésus dans le Temple. — Les Pêcheurs. — Le Berceau*, etc.
   Huit pièces gravées en fac-similé de dessins.
   Très belles épreuves avec ou sans marges.

522 — *Seize pièces* de son œuvre.
   Bonnes épreuves. Marges.

LESPINASSE (D'après le Chevalier de)

523 — *Vue intérieure de Paris*, par Berthault.
   Très belle épreuve. Marges.

LEVACHEZ

524 — *Deuxième Expérience de MM. Robert frères.*
   Vue des vingt-quatre jets à Saint-Cloud.
   Pièce curieuse sur les ballons.
   Belle épreuve. Marges.

LONGUEIL (De)

525 — *Les Dons imprudent (sic)*, d'après Borel.
   Superbe épreuve en couleurs. Marges. Rare.

MARIAGE

526 — *L'Amour vengé*, d'après Fragonard fils.
    Très belle épreuve. Marges.

MIGNARD (D'après P.)

527 — *Catherine Mignard, Comtesse de Feuquière*, par J. Daullé.
    Superbe épreuve. Grandes marges.

MOITTE (D'après)

528 — *Bienfaisance du Roi*.
    Petite pièce en largeur, sans nom de graveur.
    Très belle épreuve avant toute lettre. Marges.

529 — *Le Jaloux endormi*, par Vidal.
    Très belle épreuve. Grandes marges.

530 — *La Légèreté punie*, par Mlle Brainclaire.
    Médaillon ovale.
    Belle épreuve à la sanguine.

531 — *La Surprise agréable*, par Vidal.
    Très belle épreuve avant les noms des artistes. Marges

MONNET (D'après C.)

532 — *Journées de la Révolution*.
    Cinq pièces par Helman.
    Belles épreuves. Marges.

533 — *La Récitation*, par Picot.
    Très belle épreuve avant la lettre, imprimée en rouge.

MONNET (D'après C.)

534 — *Vénus et Adonis.* — *Salmacis et Hermaphrodite. Les Baigneuses surprises.* — *Le Roi d'Ethiopie.* — *Renaud et Armide.* — *Jupiter et Anthiope.*

    Sept pièces, par Vidal.
    Très belles épreuves avant et avec les changements. Marges.

MOREAU L'AINÉ (D'après Louis)

535 — *Le Villageois entreprenant.* — *On y court plus d'un danger.*

    Trois pièces par Germain, Patas et Huter.
    Belles épreuves. Marges.

536 — *Vues des environs de Paris* et autres.

    Dix pièces dont quelques eaux-fortes originales.
    Bonnes épreuves. Marges.

MOREAU LE JEUNE (D'après J.-M.)

537 — *Vignettes d'illustrations diverses.*

    Quarante-cinq pièces in-12, in-8° et in-4°.
    Bonnes épreuves.

538 — *Vue de la Plaine des Sablons.* — *Groupe tiré de cette vue.* — *Henri IV chez le Meunier*, etc.

    Neuf pièces.
    Bonnes épreuves.

MOUCHET (D'après)

539 — *L'Illusion*, par R. et D.

    Très belle épreuve. Marges.

540 — *La Méprise*, par Macret et Anselin.

    Superbe épreuve. Marges.

NATTIER (D'après J.-M.)

541 — *La Belle source*, par Meliny.
  Très belle épreuve. Marges.

542 — *L'Eau* (Mme Marie-Louise de France). — *Le Feu* (Mme Henriette de France). — *La Terre* (Mme Louise-Élisabeth de France).
  Trois pièces par Gaillard, Tardieu et Balechou. Bonnes épreuves.

543 — *Flore à son lever*, par Malœuvre.
  Bonne épreuve. Marges.

544 — *La Force* (Mme de Châteauroux), par Balechou.
  Superbe épreuve. Grandes marges.

NAUDET (Chez)

545 — *Le Charmant début.* — *L'Heureux Succès.*
  Deux petits médaillons ovales in-8° faisant pendants. Belles épreuves en couleurs. Marges.

OKEY JUNIOR (S.)

546 — *La Tricoteuse*, d'après Merrellio.
  Très belle épreuve en manière noire. Petites marges.

OUDRY (D'après J.-B.)

547 — *Fables de La Fontaine.*
  Vignettes in-fol. pour illustrer l'édition en quatre volumes de Desaint et Saillard, 1755-1759.
  Environ cent trente-cinq pièces à l'état d'eau-forte, avant lettre et avec lettres, dont quelques pièces doubles.

PARELLE (D'après M.-A.)

548 — *La Belle jambe.* — *A quelque chose malheur est bon.*

> Deux pièces à la sanguine faisant pendants, par Gilbert et Basset, publiées par Janinet.
> Très belles épreuves à la sanguine. Marges. Rare.

PARIZEAU (Par et d'après)

549 — *Henri IV chez le Meunier.*

> Pièce in-fol. en largeur.
> Très belle épreuve en couleurs. Petites marges.

PATER (D'après J.-B.)

550 — *L'Agréable société*, par Fillœul.

> Belle épreuve. Grandes marges.

551 — *Les Amants heureux*, par Fillœul.

> Très belle épreuve. Petites marges.

552 — *L'Amour et le Badinage.* — *Les Amants heureux.*

> Deux pièces faisant pendants, par Fillœul.
> Très belles épreuves. Marge.

553 — *Les mêmes estampes.*

> Même état que les précédentes.

554 — *Les Aveux indiscrets*, par Fillœul.

> Belle épreuve. Petites marges.

555 — *Le Baiser donné.* — *Le Baiser rendu* (Deux épreuves. — *Le Glouton.*

> Quatre pièces par Fillœul et autres.
> Belles épreuves.

PATER (D'après J.-B.)

556 — *Le Baiser rendu*, par Fillœul.
    Très belle épreuve avec l'adresse du graveur, avec les vers : « Par bonheur pour Guillot... »
    Petites marges.

557 — *Le Concert amoureux*, par Fillœul.
    Très belle épreuve. Petites marges.

558 — *La Feste italienne*, par Duflos.
    Très belle épreuve. Grandes marges.

559 — *Illustrations* pour le *Roman comique* de Scarron.
    Neuf pièces en travers, par Audran, Surugue, etc. Belles épreuves. Marges.

560 — *Mademoiselle d'Angeville la jeune*, par Le Bas.
    Très belle épreuve. Marges.

561 — *Marche comique*, par Ravenet.
    Très belle épreuve. Marges.

562 — *Le Savetier*, par Fillœul.
    Très belle épreuve avec la date 1736. Petites marges.

PERNET (D'après)

563 — *Monuments en ruines*, par Guyot et autres.
    Vingt-deux petites pièces en couleurs. Marges.

POILLY (Jean de)

564 — *Sujets de genre*, d'après Courtin, Bonnard, Raoux et autres.
    Suite de dix pièces. Bonnes épreuves. Marges.

PORTRAITS

565 — *Dubus-Préville. — Louis, Henri, duc de Bourbon, Marie-Antoinette. — Marie-Louise de Savoie. — Raucour, actrice. — Pierre Corneille. — Pierre Richelet.*
    Six portraits in-8°, d'après Drouais, Vanloo, etc. Encadrés.

PRUD'HON (D'après P.-P.)

566 — *L'Amour rit des pleurs qu'il fait verser*, par Copin.
    Très belle épreuve avant la lettre, seulement les noms des artistes à la pointe. Grandes marges.

567 — *L'Amour séduit l'innocence, le plaisir l'entraîne, le repentir suit*, par Roger.
    Belle épreuve. Marges.

568 — *Le Triomphe de Vénus*, par Aubry Lecomte.
    Lithographie sur papier de Chine.

569 — *La Vengeance de Cérès*, par Copia.
    Très belle épreuve avant la lettre. Marges.

570 — *La même estampe.*
    Très belle épreuve. Même état.

571 — *Vignettes* pour l'*Art d'aimer*, de Gentil Bernard : Choisir l'objet. — L'Enflammer. — En jouir.
    Trois pièces avant la lettre, par Copia et Beisson. Belles épreuves. Marges.

QUEVERDO (D'après)

572 — *Les Amours du Bocage*, par Dambrun.
    Superbe épreuve avec toute sa marge.

QUEVERDO (D'après)

573 — *Les Aveux sincères ou les Accords de mariage*, par Martini.
> Très belle épreuve avec grandes marges.

574 — *Les Baigneuses champêtre* (sic), par Dambrun.
> Très belle épreuve. Petites marges.

575 — *Les Charmes du Printemps. — Les Agréments de l'Été. — Les Plaisirs de l'Automne. — Les Amusements de l'Hiver.*
> Suite de quatre petites pièces en médaillons ovales avec encadrement orné, par Dambrun.
> Belles épreuves.

576 — *Les Charmes de l'Amour*, petite pièce ovale, par Girard.
> Belle épreuve. Marges.

577 — *La Danse champêtre. — L'Équilibre perdu. — L'Escarpolette.*
> Trois petites pièces in-4°, publiées chez Martinet.
> Belles épreuves.

578 — *Le Déserteur.*
> Deux pièces faisant pendants, par Chatelain et Duhamel.
> Bonnes épreuves.

579 — *Le Goût. — L'Ouye et le Toucher.*
> Deux petites pièces en médaillons ovales, avec cadre ornementé, par Dambrun.
> Très belles épreuves. Grandes marges.

580 — *La Jouissance. — Le Repos.*
> Deux pièces faisant pendants, par Dambrun et Martini.
> Superbes épreuves. Grandes marges.

QUEVERDO (D'après)

581 — *Le Levé de la mariée. — Le Couché de la mariée.*
   Deux pièces faisant pendants, par Dambrun.
   Très belles épreuves. Grandes marges.

582 — *La Musique. — La Peinture. — La Poésie. — La Sculpture.*
   Suite de quatre pièces en médaillons ovales, avec cadre ornementé, par Dambrun.
   Très belles épreuves. Grandes marges.

583 — *Nouvelle du Bienaimé*, par Romanet.
   Superbe épreuve avant la dédicace. Petites marges.

584 — *Le Sommeil interrompu*, par Dambrun.
   Très belle épreuve avant toute lettre. Petites marges.

585 — *La même estampe.*
   Très belle épreuve. Grandes marges.

RAOUX (D'après)

586 — *Télémaque dans l'île de Calypso. — Le Rendez-vous agréable. — Les Liseuses. — La Prêtresse de Vesta*, etc., etc.
   Sept pièces, par Beauvarlet, Chereau, Bertin, etc.
   Belles épreuves. Marges.

REYNOLDS (D'après Sir J.)

587 — *Infancy*, petite pièce in-4°, par Thew.
   Très belle épreuve en noir. Marges.

588 — *Venus Chiding Cupid*, par Bartolozzi.
   Gracieuse pièce de forme ovale.
   Superbe épreuve, imprimée en bistre. Marges.

ROBERT (D'après HUBERT)

589 — *L'Hermite du Colisée*, par Morret.
    Superbe épreuve en couleurs. Belles marges.

590 — *Vues d'Italie.*
    Quarante-cinq pièces à l'eau-forte, au burin ou à l'aquatinte.
    Bonnes épreuves.

SAINT-AUBIN (D'après AUG. DE)

591 — *Le Bal paré.* — *Le Concert.*
    Deux pièces faisant pendants, par J. Duclos.
    Belles épreuves, la première avant l'adresse de Chéreau. Petites marges.

592 — *L'Heureux ménage.* — *L'Heureuse mère.* — *La Sollicitude maternelle.* — *La Tendresse maternelle.*
    Suite de quatre pièces, gravées par Sergent, Gautier, Phelipeaux et Morret.
    Très belles épreuves. Petites marges.

593 — *Mes Gens*, ou les Commissionnaires ultramontins au service de qui veut les payer.
    Suite complète de sept pièces et un frontispice, par Tillard.
    Belles épreuves. Grandes marges.

594 — *La Promenade des Remparts de Paris.* — *Tableau des Portraits à la mode.*
    Deux pièces faisant pendants, par P.-F. Courtois.
    Très belles épreuves. Petites marges.

595 — *Ballet dansé au théâtre de l'Opéra, dans le Carnaval du Parnasse.* — *La Guinguette, divertissement pantomime du Théâtre Italien.*
    Deux pièces faisant pendants, par F. Basan.
    Superbes épreuves. Marges.

SAINT-AUBIN (D'après AUG. DE)

596 — *Les mêmes estampes.*
Très belles épreuves. Petites marges.

597 — *La Comparaison du bouton de rose*, par Dennel.
Superbe épreuve avant la lettre.

598 — *Les Enfants bien avisés*, par Tardieu.
Très belle épreuve. Grandes marges.

SANTERRE (D'après)

599 — *Suzanne au bain. — Portraits de Femmes*, etc.
Sept pièces, par Porporati et autres.
Bonnes épreuves.

SCHENEAU (D'après)

600 — *L'Aimable blanchisseuse. — La Gentille repasseuse.*
Deux pièces faisant pendants, par Litret et Gaillard.
Belles épreuves. Grandes marges.

601 — *Amusements russes. — Image de la Beauté. — La Mère qui intercède. — L'Aventure fréquente*, etc.
Douze pièces diverses à l'eau-forte et au burin.
Bonnes épreuves.

602 — *L'Espérance au hazard. — Le Réveil maladroit.*
Deux pièces faisant pendants, par N. Dupuis.
Très belles épreuves avant la lettre. Grandes marges.

603 — *L'Espérance au hasard*, par N. Dupuis.
Très belle épreuve. Petites marges.

604 — *Le Faux moulin. — La Boîte à surprise.*
Deux pièces faisant pendants, par Schwab.
Superbes épreuves avant la lettre. Marges.

SCHENEAU (D'après)

605 — *Le Faux moulin*, par Schwab.
Très belle épreuve. Grandes marges.

606 — *L'Innocence vengé*, par Mesnil.
Très belle épreuve avant la lettre. Marges.

607 — *La Naissance de l'Amour.* — *L'Amour fixé.* — *La Brouille.* — *Le Fossé de scrupule.* — *Le Pardon général.* — *Les Mariés selon la coutume.*
Suite de six pièces, par R. et L. Gaillard.
Belles épreuves. Grandes marges.

608 — *La Naissance des Désirs*, par J. Mesnil.
Très belle épreuve avant la lettre. Grandes marges.

609 — *La Naissance des Désirs.* — *L'Innocence vengée.*
Deux pièces faisant pendants, par J. Mesnil.
Belles épreuves. Petites marges.

610 — *Le Petit Viseur*, par Martinet.
Très belle épreuve. Toutes marges.

SERGENT (A.)

611 — *Il est trop tard...*
Superbe épreuve en couleurs avec marges. Rare.

612 — Sujets tirés de *l'Histoire de France.*
Quatre pièces en couleurs. Marges.

613 — *Vue du Temple.*
Pièce ronde in-4°.
Très belle épreuve en couleurs avant la lettre. Marges.

TAUNAY (D'après Nic.)

614 — *Noce de village. — Foire de village. — La Rixe. Le Tambourin.*

Suite de quatre pièces en couleurs, par Descourtis.
Très belles épreuves avec la première adresse, celle de Descourtis. Marges.

TRINQUESSE (D'après L.)

615 — *L'Irrésolution ou la Confidence*, par Pierron.

Superbe épreuve avant la lettre. Petites marges.

616 — *La même estampe.*

Très belle épreuve avec la première adresse, celle de l'auteur. Petites marges.

617 — *La même estampe.*

Très belle épreuve avec l'adresse changée. Grandes marges.

618 — *La Sortie du bain*, par Lempereur.

Belle épreuve. Petites marges.

VANGORP (D'après)

619 — *Le Déjeuner de Fanfan. — Ah! qu'il est joli.*

Deux pièces faisant pendants, gravées par Malles.
Superbes épreuves en couleurs. Grandes marges.

VANLOO (D'après C.)

620 — *Portrait de la Marquise de Pompadour en* Belle Jardinière, par Anselin.

Très belle épreuve avec marges du portrait de la célèbre favorite qu'elle disait être « la meilleure image d'elle-même. »

VANLOO (D'après C.)

621 — *Portrait de Madame Favart*, par J. Daullé.
Bonne épreuve. Marges.

622 — *Bustes de Femmes*, par Du Ruisseau, sous la direction de Bonnet.
Deux pièces gravées et imprimées aux crayons de couleurs. Marges.

623 — *Bustes de Femmes*, par Demarteau.
Deux pièces à la sanguine. Marges.

624 — *Études de têtes*, par Demarteau.
Cinq pièces aux crayons de couleurs. Marges. (N°⁸ 372-373-374-375).

VANLOO (D'après J.)

625 — *Le Coucher*, par Porporati.
Superbe épreuve avant toute lettre. Marges.

626 — *La même estampe*.
Bonne épreuve. Marges.

VERNET (D'après Carle)

627 — *Costumes modernes Français et Anglais*, par Levachez.
Pièce plus connue sous le titre: *Oh! C'est bien ça!*
Très belle épreuve en couleurs. Grandes marges.

628 — *La Danse des chiens*, par Levachez.
Superbe épreuve en couleurs. Marges. Rare.

VERNET (D'après Jos.)

629 — *Orage impétueux*, par Bertaud.
>Deux épreuves, dont une avec le premier titre et avant l'adresse.
>Belles épreuves.

630 — *Marines.*
>Trente-quatre pièces à l'eau-forte et au burin.
>Bonnes épreuves anciennes et quelques-unes de tirage postérieur.

631 — *Première Vue du Levant. — Temps orageux.*
>Deux pièces, par Aliamet.
>Superbes épreuves avant la lettre. Grandes marges.

VIDAL

632 — *La Cuisinière française — Le Malin cuisinier.*
>Deux pièces en largeur, faisant pendants, d'après Colibert et Gazard.
>Superbes et rares épreuves en couleurs. Marges.

633 — *Le Miroir consulté. — Les Deux boutons.*
>Deux pièces ovales faisant pendants, d'après Wille.
>Superbes épreuves en couleurs. Marges.

VIGÉE-LE BRUN (D'après Louise-Elisabeth)

634 — *Monseigneur le Dauphin et Madame, fille du Roi,* par M. Blot.
>Très belle épreuve. Marges.

635 — *La Tendresse maternelle*, par Avril.
>Très belle épreuve. Petites marges.

VIGNETTES

636 — *Illustrations diverses*, d'après Marillier.
    Cinquante-six pièces.
    Bonnes épreuves. Marges.

637 — *Illustrations* pour différents ouvrages du XVIIIe siècle.
    Quatre-vingts pièces, d'après Eisen, Saint-Aubin, etc.
    Bonnes épreuves.

VOYEZ LE JEUNE

638 — *Le Portrait* (?).
    Jolie pièce ovale avec cadre ornementé.
    Superbe épreuve avant toute lettre signée du graveur. Très grandes marges.

VUES DE PARIS

639 — *Théâtre-Français.— Théâtre Italien.— Le Palais de Justice.*
    Trois vues médaillons ronds sur la même feuille, par Le Campion. En couleurs. Marges.

640 — *Vingt et une pièces.*
    Gravées par Janinet, publiées chez les Campions.
    Bonnes épreuves.

WATTEAU (D'après Ant.)

641 — *Les Agréments de l'Été*, par Joulin.
    Superbe épreuve. Grandes marges.

642 — *La même estampe.*
    Très belle épreuve. Marges.

643 — *L'Amour au Théâtre Italien*, par Cochin.
    Superbe épreuve. Grandes marges.

WATTEAU (D'après Ant.)

644 — *L'Amour désarmé.* — *Vue de Vincennes.*
> Deux pièces, par Audran et Boucher.
> Belles épreuves, la seconde à toutes marges.

645 — *Les Amusements de Cythère.* — *La Fileuse.* — *La Marmotte.*
> Trois pièces, par Audran et Surugue.
> Bonnes épreuves. Marges.

646 — *Antoine de la Roque.* — *Watteau et M. de Jullienne.*
> Deux pièces, par Lépicié et Tardieu.
> Bonnes épreuves.

647 — *Camp volant.* — *Retour de Campagne.*
> Deux pièces, par Cochin.
> Belles épreuves. Petites marges.

648 — *Comédiens italiens*, par Baron.
> Très belle épreuve. Marges.

649 — *Le Concert champêtre*, par Audran.
> Très belle épreuve. Marges.

650 — *Les Deux Cousines*, par Baron.
> Superbe épreuve à grandes marges.

651 — *Diane au bain*, par Aveline.
> Très belle épreuve à grandes marges.

652 — *La même estampe.*
> Belle épreuve. Marges.

653 — *Les Enfants de Bacchus*, par Fessard.
> Superbe épreuve. Marges.

654 — *L'Enlèvement d'Europe*, par Aveline.
> Très belle épreuve. Marges.

WATTEAU (D'après Ant.)

655 — *Escorte d'équipages*, par Cars.
Belle épreuve. Petites marges.

656 — *La même estampe.*
Copie en contre-partie, par Du Bosc, publiée à Londres.

657 — *La Famille*, par Aveline.
Très belle épreuve. Marges.

658 — *Les Fatigues de la guerre.— Les Délassements de la guerre.*
Deux pièces faisant pendants, par Crépy et Scotin.
Très belles épreuves. Marges.

659 — *L'Indiscret*, par Aubert.
Superbe épreuve à grandes marges.

660 — *Le Lorgneur*, par Scotin.
Très belle épreuve. Marges.

661 — *La Pollonaise* (sic). — *La Sultane.*
Deux pièces, par Aubert et Audran.
Très belles épreuves. Marges.

662 — « *Pour nous prouver que cette belle* », par L. Surugue.
Belle épreuve. Marges.

663 — *Promenade sur les remparts. — Le Colin-Maillard.*
Deux pièces, par Aubert et Brion.
Très belles épreuves. Petites marges.

664 — « *Qu'ay-je fait, assassins maudits* », par Joullain.
Belle épreuve. Petites marges.

WATTEAU (D'après Ant.)

665 — *Recrue allant joindre le Régiment.— Détachement faisant halte.*
    Deux pièces faisant pendants, par Cochin et Thomassin.
    Très belles épreuves. Marges.

666 — *Rendez-vous de chasse*, par Aubert.
    Très belle épreuve. Marges.

667 — *Retour de Campagne*, par Cochin.
    Superbe épreuve. Grandes marges.

668 — « *Les Habits sont italiens* ».
— « *Les airs sont français*, etc... », par Simonneau.
    Belle épreuve. Grandes marges.

669 — « *Les Habits sont italiens* ». — « *Coquettes, qui pour voir galans* ». — « *Arlequin, Pierrot, Scapin* ». — « *Au faible effort que fait Iris.* »
    Quatre pièces, par Surugue, Cochin, Simoneau, Thomassin.
    Bonnes épreuves.

670 — *Le Sommeil dangereux* — *Comédiens français.*
    Deux pièces, par Liotard.
    Bonnes épreuves.

671 — *L'Air. — La Déesse. — La Grotte. — La Terre.*
    Quatre arabesques gravées par Huquier.
    Très belles épreuves. Marges.

672 — *L'Air. — La Grotte. — La Terre. — L'Été. — Vénus blessée par l'Amour.— Le Théâtre.— L'Escarpolette. — Divinité chinoise. — Les Jardins de Bacchus. — Le Bouffon*, etc.
    Douze pièces arabesques, par Aveline, Crépy, Huquier.
    Belles épreuves.

WATTEAU (D'après Ant.)

673 — *Pièces détachées de l'Œuvre.*
Dix pièces par divers.

674 — *Pièces détachées de l'Œuvre.*
Vingt-sept pièces dont douze à deux sujets par feuille à grandes marges.

675 — *Pièces détachées de l'Œuvre.*
Soixante-dix-huit pièces.

WILLE (D'après P.-A.)

676 — *Les Délices maternelles*, par J.-O. Wille.
Très belle épreuve avant la dédicace. Marges.

677 — *L'Essai du corset. — L'Heureux vieillard. — Les Délices maternelles. — Les Conseils maternels. — Le Bouton de Rose. — Le Maréchal-des-Logis. — 'Les Vieux amateurs*, etc.
Neuf pièces par Dennel, Aveline, Voyez, etc.
Bonnes épreuves.

678 — *La Mère contente. — La Mère mécontente.*
Deux pièces faisant pendants, par Ingouf.
Belles épreuves. Marges.

679 — *Paysages, figures, reîtres*, etc.
Trente-cinq pièces environ en noir ou à la sanguine.

680 — Sous ce numéro, seront vendues en lots, à la fin de chaque vacation, environ 25,000 gravures anciennes et modernes de toutes les écoles.

DESSINS ANCIENS
ET MODERNES

BERTIN (Nic.)

681 — *Paysages et nymphes.*
Médaillon rond. Aquarelle.

BOISSIEU (J.-J. de)

682 — *Paysage.*
Etude d'arbres.
Lavis d'encre de Chine.

BOUCHARDON (Edme)

683 — *Etude pour une figure décorative.*
A la sanguine.

BOUCHER (École de F.)

684 — *Tête de Femme.*
Pierre noire et blanc.

CLERISSEAU

685 — *Ponts et ruines antiques.*
A la plume lavé d'aquarelle.

DUCLOS (A.-J)

686 — *Jeune Fille lisant.*
A la sanguine. Signé et daté 1782.

ÉCOLE FRANÇAISE DU XVIIIᵉ SIÈCLE

687 — *Prédicateur en chaire.*
   Au crayon rehaussé d'aquarelle.

688 — *Dessus de porte.*
   Plume et aquarelle.

689 — *Etude de Jeune Femme.*
   Aux crayons noir et blanc.

ÉCOLE HOLLANDAISE DU XVIIᵉ SIÈCLE

690 — *Château au bord d'une rivière et pêcheurs.*
   Plume et lavis de sépia.

691 — *Paysage avec figures.*
   Dans le fond, la mer.
   Lavis d'encre de Chine.

FRAGONARD (Attribué à H.)

692 — *La Déclaration.*
   Lavis de sépia.

GRAVELOT (Attribué à H.)

693 — *Scène d'intérieur.*
   Composition de trois figures.
   Lavis d'encre de Chine.

GREUZE (Attribué à J.-B.)

694 — *Enfants jouant.*
   Sépia rehaussée de gouache.

GROPE (J. de)

695 — *Composition décorative.*
Vue de parc avec animaux, vases, statue.
Plume et encre de Chine. Signé.

HOGARTH (Attribué à)

696 — *La Dispute.*
Gouache.

HUET (J.-B.)

697 — *Intérieur de ferme*, avec figures et animaux.
Joli dessin à la sanguine. Signé et daté : *1778*.

JEAURAT

698 — *Personnages assis dans l'attitude de la surprise.*
Beau dessin à la pierre noire et lavis.

KAUFFMANN (Attribué à Ang.)

699 — *Portrait de Jeune Femme*, en buste.
Médaillon ovale à l'aquarelle.

LAAN (Van der)

700 — *Sujet historique :* Mariage d'un Prince.
Deux dessins. Plume et lavis d'encre de Chine. Signés.

LANGENDYCK (D.)

701 — *Épisode de combat.*
Plume et lavis d'aquarelle.

LENAIN (Attribué aux)

702 — *Groupe d'enfants.*
Sanguine et sépia.

LE PRINCE (J.-B.)

703 — *La Consultation.*
Plume et lavis de sépia.

LE PRINCE (Attribué à)

704 — *La Bonne Mère.*
Petite aquarelle.

MEULEN (Van der)

705 — *Siège d'une ville.*
Au premier plan, le Roi et son état-major.
A la plume.

MONNET (C.)

706 — *Vignettes pour illustrations.*
Cinq dessins in-8°, plume et lavis. Signés.

NICOLLE (V.-J.)

707 — *Vues de Bologne.*
Deux petites aquarelles.

708 — *Rivière avec pont et laveuses, au premier plan.*
Jolie aquarelle. Signée.

NILSON (J.)

709 — *Cul-de-lampe,* composé de quatre amours sur des nuages.
    Lavis.

OUDRY (Attribué à J.-B.)

710 — *Paysage avec rivière et gibier.*
    Au crayon.

PARROCEL (J.)

711 — *Soldats.*
    Croquis et études.
    Pierre noire et crayon blanc.

PERCIER

712 — *Sujet mythologique.*
    Médaillon rond, plume et lavis. Signé.

PERNET

713 — *Paysage avec ruines et petites figures.*
    Médaillon rond, à la sépia.

PIERRE

714 — *Bacchanale.*
    Beau dessin à la plume et lavis d'encre de Chine. Signé.

715 — *Études de Femme nue et Femme vue de dos, agenouillée et drapée.*
    Deux dessins à la sanguine, rehaussés de blanc.

SWEBACH

716 — *Entrée des Français dans Turin, le 11 frimaire an VII.*
   A la plume et lavis.

TRINQUESSE

717 — *Jeune Femme assise.*
   A la sanguine.

VELDE (Esaias Van de)

718 — *Attaque de mousquetaires.*
   Paysage et figures.
   Pierre noire et lavis.

VLEUGHELS (N.)

719 — *Buste de Femme.*
   Gracieux dessin aux trois crayons, sur papier gris.

WATTEAU (Louis)

720 — *Soldats.*
   Croquis et études.
   Six dessins à la sanguine.

WITT (J. de)

721 — *Amours enguirlandant un terme.*
   Au bistre, rehaussé de blanc. Signé.

WOUVERMAN Ph.)

722 — *Scène de camp.*
   A l'encre de Chine.

723 — Sous ce numéro, seront vendus, à la fin de la quatrième vacation, un grand nombre de dessins anciens et modernes, des Écoles française et étrangères du XVIIe au XIXe siècle.

www.ingramcontent.com/pod-product-compliance
Lightning Source LLC
LaVergne TN
LVHW050604090426
835512LV00008B/1336